U0920811

珍藏本
纪念版

汉译世界学术名著丛书

经济学展望

再论货币与增长论文集

〔英〕约翰·希克斯 著

余皖奇 译

侯梅琴 刘民权 校

2017年·北京

John Hicks

ECONOMIC PERSPECTIVES

Further Essay on Money and Growth

Oxford University Press 1977

本书根据牛津大学出版社 1977 年版译出

汉译世界学术名著丛书
（120 年纪念版·珍藏本）
出 版 说 明

2017 年 2 月 11 日，商务印书馆迎来 120 岁的生日。120 年前，商务印书馆前贤怀揣文化救国的理想，抱持“昌明教育，开启民智”的使命，立足本土，放眼寰宇，以出版为津梁，沟通中西，为中国、为世界提供最富智慧的思想文化成果。无论世事白云苍狗，潮流左右激荡，甚至战火硝烟弥漫，始终践行学术报国之志，无改初心。

迻译世界各国学术名著，即其一端。早在 20 世纪初年便出版《原富》《天演论》等影响至今的代表性著作，1950 年代后更致力于外国哲学和社会科学经典的译介，及至 1980 年代，辑为“汉译世界学术名著丛书”，汇涓为流，蔚为大观。丛书自 1981 年开始出版，历时三十余年，迄今已推出七百种，是我国现代出版史上规模最大、最为重要的学术翻译工程。

丛书所选之书，立场观点不囿于一派，学科领域不限于一门，皆为文明开启以来，各时代、各国家、各民族的思想与文化精粹，代表着人类已经到达过的精神境界。丛书系统译介世界学术经典，引领时代思想，为本土原创学术的发展提供丰富的文化滋养，为推动中国现代学术和现代化进程做出了突出的贡献。

为纪念商务印书馆成立120周年，我们整体推出“汉译世界学术名著丛书”120年纪念版的珍藏本，寄望既利于文化积累，又便于研读查考，同时向长期支持丛书出版的译者、编者和读者致以敬意。

两甲子后的今天，商务印书馆又站在了一个新的历史时间节点上。我们不仅要铭记先辈的身影和足迹，更须让我们的步伐充满新的时代精神。这是商务人代代相传的事业，更是与国家和民族的命运始终紧密相连的事业。我们责无旁贷，必须做好我们这代人的传承与创造，让我们的努力和成果不仅凝聚成民族文化的记忆，还能成为后来人可以接续的事业。唯此，才能不负前贤，无愧来者。

商务印书馆编辑部

2017年10月

希克斯经济思想的新发展
——评《经济学展望》

杨 德 明

《经济学展望》是1965—1977年间希克斯的经济学论文的汇编本。在这期间，作者还出版了五本书，即《资本与增长》(1965年)；《货币理论评论集》(1967年)；《经济史理论》(1969年)；《资本与时间》(1973年)；《凯恩斯经济学的危机》(1974年)。希克斯认为，这五本书连同《经济学展望》这本论文集代表了他本人近年来经济思想的新发展。1972年，希克斯获诺贝尔经济学奖，获奖的根据是作者在一般均衡理论和福利经济学理论领域中所作的贡献。对此，希克斯颇有微词，用他自己的话说是“惊喜交集”。因为他认为他有关一般均衡和福利经济学的理论观点，主要反映在三四十年代所写的《价值与资本》和《消费者剩余的恢复》两种著作之中，而从那以后的几十年间，其理论观点已经向前发展，超过了三四十年代所达到的理论水准。换句话说，希克斯自认为代表他的经济思想的最新发展和最高水平的，不是诺贝尔经济学奖评审委员会所引为授奖依据的作者在三四十年代的经济理论，而是六七十年代所发表的著作。作者还认为，上述六七十年代发表的五本

著作和《经济学展望》这本论文集,系由一个共同的理论思想所贯穿,彼此之间有着内部的联系。而《经济学展望》这本论文集中的文章,又从不同的角度概述、补充和发展了上述五本书的内容,因此,在某种意义上,《经济学展望》这本书可以说是第二次世界大战以后特别是六七十年代作者经济思想发展的一个缩影。

本书共收论文九篇,其中最重要的是序言和头三篇文章。在这几篇文章中,作者对自己近年来经济思想发展的主要内容作了高度浓缩的概述。其他几篇文章,或者是就个别理论问题作些探讨,如《预期性通货膨胀》,或者涉及学说史上的某个人物,如《霍特里》一篇,或者涉及作者早年与凯恩斯关系中的某些轶事,如《往事的回忆》,或者是对个别理论观点上的批评意见作出答复。从探讨希克斯近年来经济思想的发展的角度来看,这后几篇文章是无关宏旨的。因此,我们主要评述作者的前面几篇文章,对后面几篇文章只在必要时一笔带过。

根据作者本人的概括,作者战后经济思想的发展主要有三个方面,即动态理论、经济增长理论和停滞膨胀理论。

动态理论

希克斯指出,同《价值与资本》一书的内容相比,战后希克斯经济思想的发展主要表现在动态理论方面。《价值与资本》一书包括静态和动态两部分,静态部分的基本内容为帕累托需求理论,即以无差异曲线分析法为中心的需求理论,这一理论的基本假定是完全竞争的市场结构。在静态理论方面,希克斯在近年来没有实质性的补充。至于《价值与资本》一书中的动态理论,希克斯认为其基本缺陷是未能脱出新古典派即十九世纪晚期的边际主义学派的一般均衡理论的窠臼。当时希克斯的动态理论的基本观点是集中注意力研究某一特定时期(即短期,希克斯所谓的星期)所发生的事件,并把这一特定时期视为历史发展长过程中的一个阶段,它有其过去和将来。人们过去的决策影响资本的现期存量形式,而对未来的预期则影响资本的现期投资形式。当时,希克斯认为人们在现期交易中对未来的预期同现期交易同时发生,在现期价格条件下能够实现供求均衡,这实际上是在一般均衡的框架内打转转的动态理论。希克斯认为这种理论歪曲了现实世界事件发生的顺序,从而糟踏了动态理论。希克斯在动态理论分析方面所取得的新发展是什么呢?一言以蔽之,是注意时间,即注意过程,注意各阶段的时间顺序。单单注意时间顺序还不够,还必须运用时间的纽带,把各个阶段联结为一个发展的过程;随着时间的流逝,将来变成现在,现在成为过去。而且,人们对未来的预期带有很大的不确定性,在某种程度上人们并不知道将来会发生什么事情,不能将人们对未来的预期作为实现现期均衡的依据。

希克斯认为,凯恩斯的短期分析实质上也是一种新古典派均衡理论。凯恩斯的短期相当于希克斯的星期,凯恩斯的短期概念也有其过去和未来,过去体现为期初资本存量,未来体现为特定的预期,亦即所谓投资边际效率。在除劳动市场以外的所有市场上,合乎预期的需求和供给均可在现期价格条件下达到均衡。这种短期均衡忽略了其实现所经历的过程,因而是一种新古典均衡分析。希克斯在《价值与资本》一书中所提出的IS—LM模式就是对凯恩斯的这种短期均衡理论的总结。

希克斯认为，他自己和凯恩斯在三十年代创立的以短期分析为基本特征的动态分析理论之所以未能脱出新古典派一般均衡静态分析的范围，最根本的原因是当时都未曾意识到从自由竞争市场形态到垄断市场形态这一根本变化，把适用于旧的自由竞争市场机制的理论分析方法简单地移用于新的垄断市场机制。希克斯认为新旧两种市场机制有着截然相反的价格决定方式。希克斯将旧的自由竞争市场形态称为“原子型”市场，这种市场存在于马歇尔和瓦尔拉以前的时代，是一种没有组织的市场结构，其价格系由中间商人决定，由市场需求和供给决定，生产者只是这种价格的被动接受者。希克斯在《经济史理论》一书中着重研究了这种在人类历史的大部分时代居统治地位的市场形态。在本世纪初，旧的原子型市场形态趋于衰落，新的市场机制取而代之。新的垄断市场机制是一种固定价格市场形态，这种固定价格的决定者不是市场的供给和需求，而是生产者或某个权威。希克斯认为，垄断市场形态取代自由竞争市场形态完全是基于技术上的原因，不取决于任何社会政治因素。所谓技术原因主要是指二十世纪初期经济大规模的发展和大厂商的出现，其次是指商品的标准化。这两种因素使中间商人沦为大垄断厂商的商品推销者。希克斯十分强调市场形态变化的重要性，他写道：“这是一个大变化，甚至是一个革命的变化，甚至可以说它带来了‘凯恩斯革命’”。

希克斯认为新旧两种市场形态的另一个重要的不同之点就是货币量作用方式上的区别。在自由竞争市场形态中，货币量首先对价格起作用，通过价格的变化才影响产量和就业。而在垄断市场形态中，货币量的变化对产量和就业有直接影响，并且通过对产量和就业的影响才影响价格。凯恩斯在《通论》中觉察到了这一点，但他没有意识到市场形态变化这一根本点，因而未能同新古典派均衡理论划清界限。这样，他既给了后来的现代货币主义者以可乘之机，也为新凯恩斯主义者的错误埋下了伏线。希克斯认为，现代货币主义者的思想实际上还生活在旧的自由竞争市场，他们企图从凯恩斯的著作中援引论据，来论证其由价格机制调节经济的自由放任的政策主张。新凯恩斯主义者则走到另一个极端，他们单单考虑产量和就业量，置价格机制于不顾。希克斯对货币主义者所抱的批评态度，是显而易见的。希克斯对货币主义者的批评，在本书中屡见不鲜。而对新凯恩斯主义者的极端观点，希克斯显然也不赞成。他认为在固定价格市场条件下，价格不仅具有经济职能，而且具有社会职能。价格的作用不是降低了，而是提高了。对价格必须进行管理，这是固定价格市场的基本特征之一。

从以上论述中我们可以得出下面几点结论：

1. 希克斯将时间视为区分静态分析和动态分析的主要标志。重视时间因素并不是希克斯的创造，在希克斯以前，瑞典学派的代表人物维克塞尔和米尔达尔早就提出过这个问题。希克斯本人在本书第六篇论文《往事与引证》中也坦率地承认，他在服膺以凯恩斯主义学说为代表的新经济学以前，就受到瑞典学派的熏陶，并从中学到了重视时间因素的动态分析法。

2. 希克斯将帕累托需求理论视为静态理论的核心，帕累托需求理论建立在商品效用的无差异曲线分析的基础之上，既属于庸俗的效用价值论的范畴，又是庸俗的供求均衡价值论的一个组成部分。

3. 希克斯强调区分静态分析和动态分析的重要性，并且强调分析发展过程的必要性，从西方经济学方法论演进的角度看，这种观点有其积极的一面。

4. 希克斯看出垄断资本主义取代自由竞争资本主义这一历史现象，并极力强调这一变化的意义，这表明希克斯是个有历史眼光的经济学家。但他同其他西方经济学家一样，把垄断和自由竞争的区别仅仅归结为市场形态的不同，这又表明作为一个资产阶级经济学家的希克斯具有西方经济学家所固有的浅薄性。

增长理论

经济增长理论是动态分析方法在经济领域中的具体运用，是西方动态经济学的基本组成部分。战后，特别是五十年代和六十年代上半期，西方国家曾经出现持续增长的“繁荣”局面，与战前特别是三十年代的萧条情景恰好是个对照。在这种特定历史条件下，西方经济学发展的一个重要方面便是各种经济增长模型的出现。西方主流派经济学凯恩斯主义也从凯恩斯本人的短期比较静态经济分析发展为长期动态分析，提出以哈罗德—多马模型为代表的凯恩斯主义经济增长理论。以半个凯恩斯主义者自命的希克斯也提出了自己的经济增长理论。

希克斯自称研究过三种类型的增长理论，早在1932年出版的《工资理论》一书中，他就研究过新古典派的生产函数理论，在六十年代的《资本与增长》一书中，又研究过所谓稳定状态经济增长理论。新古典主义生产函数理论是一种静态均衡增长理论，这是不言而喻的。所谓稳定状态增长理论实质上也是一种静态理论，因为它把经济增长过程视为各个彼此相类似的时期的联结。虽有从此一时期到彼一时期的转换,但并无向前的发展。七十年代,作者在《资本与时间》一书中研究了新奥地利派经济增长理论。本书的第一、二两篇论文着重研究的就是这一模型,其中《工业主义》一文研究了产业革命以后的经济增长,是对《经济史理论》的补充。至于新古典派生产函数增长论和所谓稳定状态增长论则被作者舍弃了。

希克斯在本书中所发挥的经济增长理论,主要有两部分内容,第一是双重均衡过程理论,第二是有关经济增长的各种决定因素的理论。我们先评述双重均衡过程理论,再评述增长决定因素理论。

所谓双重均衡过程理论的双重均衡过程,是指储蓄投资均衡过程和充分就业均衡过程二者。希克斯的以双重均衡过程理论为中心的经济增长理论,在四十年的时间内,经历了从新古典派生产要素论到凯恩斯主义非均衡论,再到古典派双重均衡过程理论的三部曲发展过程。

在 1932 年的《工资理论》一书中的第六章《分配与经济进步》中,作者发挥了生产要素经济增长论。这一理论实际上就是生产要素分配论。希克斯认为,社会产品是由劳动和资本这两种生产要素创造的,二者在生产中所作的贡献大致相等。产品量是所采用的生产要素的函数,这就是所谓生产函数。每单位生产要素的收益等于其边际产量,由于边际产量递减法则的作用,当产量增加时,各生产要素在社会产品中所占份额将发生变化,这是生产要素分配论。各生产要素报酬的相对份额的变化取决于生产要素的替代弹性和生产函数的形状。生产函数经济增长论的真谛是研究各生产要素报酬的相对份额特别是工资率的高低对经济增长的影响。希克斯认为,随着经济的增长,工人的实际工资趋于增加,工会和政府的干预有可能提高实际工资水平。实际工资的提高反过来又对经济增长产生两重影响或两重效应,一是产生生产要素替代效应,二是产生储蓄效应。所谓生产要素替代效应是随着实际工资率的提高,厂商趋向于采用资本密集型的生产方法,用资本要素取代劳动要素。希克斯用效率曲线概念作为分析这种替代效应的手段,效率曲线表示各种生产方法的实际工资率和实际利润率之间的关系,每一种生产方法均有其特定的效率曲线。厂商的目的在于选择在现行工资率条件下实际利润率最高的生产方法。所谓储蓄效应是指,随着实际工资率的提高,实际利润率的降低,储蓄率随之下降。希克斯认为,投资恒与储蓄率相等,储蓄率的下降意味着投资率下降,从而不利于经济增长。

凯恩斯主义经济学问世以后,希克斯所主张的生产函数论增长理论受到挑战。凯恩斯主义的基本理论是非均衡理论,一是储蓄和投资失衡,投资率不一定等于储蓄率,二是就业失衡,不充分就业是经济的常态。凯恩斯反对希克斯关于实际工资可变的理论,认为工人只关心货币工资,不关心实际工资;而每次货币工资的变化必有物价的相应变化相伴随,因而实际工资保持不变。希克斯不同意凯恩斯在工资问题上的观点,认为工会诚然对货币工资有影响,但真正关心的还是实际工资,如果货币工资的增加导致物价上涨,工会必然要求进一步提高货币工资,以确保实际工资水平不致下降。在凯恩斯《通论》问世前后,希克斯通过对瑞典学派理论和凯恩斯本人的理论的研究，转向了以凯恩斯经济学为代表的所谓新经济学。他接受了凯恩斯主义的非充分就业概念，放弃了充分就业这一新古典派经济学的传统假设，并且提出了双重均衡过程概念，区分了储蓄—投资均衡和充分就业均衡。希克斯写道：

"储蓄和投资的均衡并不意味着劳动的充分就业，因为要达到充分就业，还必须有进一步的条件。条件之一是相对价格要适当。"

怎样实现这个双重均衡呢？希克斯认为，战后西方经济学中的许多经济增长模型都企图解决这个问题。其所采用的方法和理论，不外乎两种，一是上述的新古典主义的生产函数论，二是凯恩斯主义的非均衡法。希克斯不赞成这两种方法，而主张回到古典学派去。他所谓的古典学派，指的是早期资产阶级经济学家约翰·穆勒。希克斯援引穆勒在《政治经济学原理》中所表述的这样一个理论：工资总支出是最终产品扣除包括利润在内的各种用度之后的差额，只要这种扣除小于最终产品的增加，那么，当最终产品增加时，实际工资必定增加。希克斯认为这就是双重均衡过程原理，借助于穆勒这一原理，即可了解实际工资增长的替代效应和储蓄效应之间的因果关系的联系环节：从投资到最终产品到工资，再从新投资的利润率又回到投资，其中心环节是最终产品的形成和分解。希克斯认为，经济进步的基本动力是通过利润率起作用的发明创造，每一项发明都会造成经济进步的冲动。在双重均衡实现过程中，这种冲动迟早是要衰竭的，衰竭的原因是劳动的稀缺。一切技术替代方法归根到底都是为了节约稀缺的生产要素。

劳动稀缺是最根本的稀缺，这种稀缺导致资本密集型替代技术的发明和采用。其结果有两方面：一方面是每单位就业劳动量所使用的资本数量和最终产品数量趋于增加，从而实际工资亦趋于增加；另一方面是投资量降低，从而就业比率减小。希克斯由此得出一个结论：对发展中国家来说，采用资本密集程度过高的技术是不适宜的，因为这种技术不利于发展中国家就业问题的解决。从以上所述不难看出，虽然希克斯在分析双重均衡过程时采用所谓古典派的分析方法，但与凯恩斯主义殊途同归。希克斯的结论实际上等于承认双重均衡无法实现，失业现象无法避免。

希克斯经济增长理论的第二个重要组成部分是经济增长决定要素理论。在“工业主义”一文中，希克斯援引了库兹涅茨关于现代经济增长的定义。库兹涅茨认为现代经济增长有六点特征：

1. 生产与人口急剧增长；
2. 生产率急剧增长；
3. 经济结构发生变化；
4. 社会变革，例如城市化，非宗教化；
5. 通讯运输革命；
6. 国家之间的不平等性增大，分化为先进国和落后国。

库兹涅茨还认为，在上述各个特征的后面有一个共同的推动力量，这就是现代科学技术。希克斯赞成库兹涅茨关于现代经济增长的定义，认为库兹涅茨所定义的现代经济增长与他所谓的工业主义相近，但不甚赞成库兹涅茨关于经济增长的推动力的观点。他认为科学技术是经济进步的必要条件，但不是充分条件。单凭科学技术这一条不足以说明经济增长的原动力。

凯恩斯以前的旧正统派即新古典派认为，经济增长的推动力是资本积累，储蓄是资本积累的唯一手段，是投资的源泉，因而也是经济增长的源泉。凯恩斯不同意新古典派关于“储蓄导致投资而投资又反过来导致储蓄”的观点，他认为经济增长的推动力量是对投资的预期利润率，亦即资本边际效率，各种影响资本边际效率的因素，如人口增长、科技发明、土地开拓、公众信心、战争爆发等等，都是经济增长的原动力的组成部分。

希克斯不同意新古典的观点，认为那是一种新教徒的道德观，同时也不甚赞成凯恩斯的杂乱无章的说法。希克斯经济增长的决定因素包括以下四类：

1. 科学技术。在近代，大量资源投入科学技术的研究开发，目的在于寻找能够提高经济生产效率的各种发明创造，以便提高利润率。

2. 规模经济。希克斯区分了两种规模经济：劳动专业化和大工业所特有的大规模生产。他认为这两种规模经济都有利于经济进步，但大规模生产带来两大产物，一是垄断，二是工会。垄断是针对消费者而发的，解决的办法是实行国有化或政府管制。工会本来是劳动反对资本的阶级斗争组织，而现在已同资本站在一起，成为各产业部门互相斗争以争夺各部门的局部利益的工具。希克斯的这种观点，对于垄断资产阶级的工具——黄色工会是适用的，黄色工会首先是垄断资产阶级控制和统治工人的工具，当然也是垄断资产阶级彼此之间争斗的工具。但希克斯指的是所有的工会组织，这显然是对工人阶级的一种污辱。

3. 土地。希克斯所指的土地，是指一切自然资源。自然资源丰富是经济增长的有利条件，自然资源短缺则构成经济增长的限制因素。现代经济增长面临的一个严重问题是自然资源短缺，包括普遍的原材料短缺和能源短缺。希克斯认为，原材料短缺往往只影响特定的工业部门的发展，而能源短缺则影响到所有的产业部门，因此，能源短缺是最严重的一种自然资源短缺。现代的基本能源是煤和石油，二者的共同特点是其供给具有地区局限性，希克斯认为，这种特点使得其供给者能够合伙对世界进行敲诈。能源是一种初级产品，其输出者往往是第三世界国家。希克斯不去谴责发达资本主义国家的垄断资产阶级凭借制造业的技术优势对全世界特别是发展中国家进行敲诈勒索，却指责出口初级品的发展中国家，这只能证明他是垄断资产阶级的经济学家。

4. 劳动。希克斯认为劳动短缺是限制经济增长的又一重要因素，但他认为，劳动短缺的特点并不是一般意义上的绝对短缺，而是某些部门所需要的特殊种类的劳动的短缺。但这种局部短缺却会造成实际工资水平的普遍上涨。因为解决这种局部劳动短缺的办法通常有二，一是依靠新的技术发明，用非稀缺劳动取代稀缺劳动，二是培训工人，增加这类稀缺的特殊劳动力，这两种办法都会导致平均实际工资水平的提高。希克斯的结论是：工资平均水平的提高并不要求劳动市场出现普遍的短缺。谈到克服部门性劳动短缺所需要的技术发明时，希克斯引申出关于中间技术或适用技术的观点。他认为，技术发明往往来自先进国家，这些技术往往适合于先进国家的条件，与发展中国家的需要不甚符合。因此，适当放慢技术进步的速度，多采用中间技术或适用技术，对发展中国家来说，不失为明智之举。

希克斯的经济增长理论虽然不乏有价值的具体观点，但包含着重大的理论错误。希克斯虽然声称自己在战后年代已抛弃新古典派的生产函数论，但实际上生产函数论的理论基础即生产要素价值论和生产要素分配论仍然原封不动地保留在战后希克斯的经济理论之中，当然也存在于其经济增长理论之中。希克斯从庸俗的生产要素价值论和生产要素分配论引申出实际工资的提高构成经济增长的限制因素的观点，这也是荒谬的。不错，工资和利润是对立的，此消彼长的。工资的提高使利润率减少从而使资本家投资的动机削弱，这是实际存在的现象，但这恰好表明了资本主义经济增长的局限性。资本主义经济增长的前提不是人民群众生活水平的提高，而是资产阶级的利润。因此，资本主义经济增长的限制因素归根结底是由于资本主义经济制度本身。

货币理论和停滞膨胀理论

货币理论是战后希克斯经济思想发展的第三个重要方面，而战后希克斯货币理论的中心问题是停滞膨胀。希克斯认为，在经济学说史上，货币理论著作大都是经世济时工作。希克斯最推崇的三位货币理论家是李嘉图、维克塞尔和凯恩斯。这三位经济学家都处于战后经济重建或经济大萧条的时代，其货币理论都是为解决当时的经济问题而提出来的。希克斯认为，在七十年代，西方国家所面临的经济局势的严重，同上述三位经济学家所处的时代相比，有过之而无不及。七十年代西方经济形势的最突出的特点，是停滞膨胀，是大幅度的通货膨胀伴随着严重的失业。希克斯认为，这是一种前所未有的令人难以置信、令人吃惊的新现象，在西方经济学界还没有形成足以说明这种新现象的新理论。在此书中，希克斯以创立这一新理论为己任。

希克斯在表述自己的理论以前，追溯了休谟的古典货币数量论、维克塞尔的累积过程理论和凯恩斯的就业、利息和货币理论。这三位经济学家的货币理论有一个共同点，即都力图阐明货币同商品价格、就业量的关系的理论。

货币数量论。希克斯指出，人们通常认为货币数量只涉及货币数量同商品价格的关系：价格水平取决于商品数量。而休谟的货币数量论则比较复杂，它不仅涉及货币供给量对价格的影响，而且研究货币供给对产量的影响。其基本内容是：总产值等于货币数量同货币流通速度的乘积。其数学公式是 PQ＝MV。在金属货币经济中，无论有无银行信用存在，都存在着经济波动的可能性。当充当货币的黄金供给增加时，经济处于繁荣阶段，商品产量和商品价格均高于均衡水准；当黄金供给减少时，经济处于萧条阶段，产量和价格均低于均衡水平。但黄金供给量的增减受自然条件的限制，其增减幅度有一定的限度，故经济波动也局限于一定的幅度之内。希克斯写道：

“在所有的货币都是硬币，而且其金融体系是不发达的最简单的货币体制中，没有什么不能用交换方程式 PQ＝MV 来加以解释的东西。”

维克塞尔的累积过程理论。希克斯指出，维克塞尔理论所研究的是一种银行信用经济，银行券成为主要流通货币。与金属货币不同，银行券不是一种外生变量，而是一种可以由银行的信用政策加以左右的内生变量。因此，在这样的经济中，决定因素不是货币的数量，而是利息率；基本理论公式不是交易方程式，而是维克赛尔的累积过程理论。维克塞尔区分了市场利息率和自然利息率，后者实际上是投资的预期利润率。当市场利息率低于自然利息率时，投资增加，物价上涨，产量增加，经济处于向上的累进的扩张过程之中；当市场利息率高于自然利息率时，投资减少，物价下跌，产量下降，经济处于向下的累进的紧缩过程之中。当市场利息率与自然利息率相等时，经济处于均衡状态。

凯恩斯的就业货币理论。希克斯认为，凯恩斯理论与维克塞尔的理论颇相接近，其不同之处是凯恩斯理论作为一种萧条经济学，抛弃了维克赛尔的自然利息率概念，不注重长期均衡分析，而注重短期非均衡分析。凯恩斯区分了中央银行和商业银行，中央银行不直接与居民户和厂商发生金融关系，后者所需贷款由商业银行供给，中央银行只与商业银行发生往来。凯恩斯区分了借以维系中央银行和商业银行的金融债券利率及借以维系商业银行系统与厂商的工业债券利息率，并且视货币为外生变量。就视货币为外生变量这一点而言，凯恩斯的理论又与休谟的理论相近。但凯恩斯并不全面地研究交易方程式的各个因素，他只注重研究总产值 PQ，注重研究 PQ 同就业量之间的关系，而将工资视为联系 PQ 和就业量之间的关系的桥梁。总工资额是 PQ 的一部分，是就业量的决定因素。希克斯对凯恩斯的理论体系作了如下的概括：

"凯恩斯体系的核心确实是这样一种模型，在这种模型中，当就业水平低于充分就业水平时，货币工资保持不变。……这样，就业就由 PQ(用货币表示)来决定。我们可以设想一个经济，它在特定的时间内面对一系列可能的凯恩斯式的均衡，这些均衡可以根据它们各自的 PQ 的价值加以排列。在少于充分就业的情况下，PQ 的变动将主要为 Q 的变动，而 P 的变动则相对来说较小。但是，在充分就业达到以后，Q 不能进一步增加，所以，PQ 的进一步增长所影响的必定是 P。”希克斯将凯恩斯这一理论体系浓缩为所谓“产出供给曲线”，如本书正文中的图 3a 所示。

希克斯的货币—停滞膨胀理论。如前所述，希克斯的货币理论的主要内容是想对二十世纪七十年代西方经济中的停滞膨胀问题做出理论解释。希克斯的理论包括三个方面，即 1. 对货币主义理论的批评，2. 将凯恩斯理论长期化和动态化，3. 从理论上说明停滞膨胀。

1. 对货币主义理论的批评。货币主义者认为，只要控制货币数量，即能治理通货膨胀。希克斯认为，这是一种过时的理论和政策主张。这种主张只适用于金属货币经济，在这种经济中，由于货币供给受人类无法控制的自然力的支配，货币主义的理论不但是一种适宜的政策，而且是一种现实。但本世纪三十年代金本位制已经废弛，货币供给已不再受自然力的限制，在这种条件下，货币主义的主张已经是一种过了时的货色了。在实行美元本位制的布雷顿森林体制时期，西方经济中的停滞膨胀是由多种因素造成的，不能简单地归咎于银行政策，因而也不可能单纯地靠实施货币政策来加以克服。

2. 凯恩斯理论的长期化和动态化。希克斯认为，凯恩斯的产出供给曲线所研究的是价格(P)和产量(Q)的静态关系，这一曲线应当改为“增长供给曲线”，研究价格指数变化率即通货膨胀率同实际产量变化率即增长率之间的动态关系。曲线表示各种可供选择的长期均衡点。"增长供给曲线"如本书正文中的图 3c 所示。图中 FF′为最大增长线，当增长年越过 F 点时，即导致无止境的通货膨胀。希克斯提出政治均衡点概念。认为在低于 F 点的增长率阶段，工资固定不变，物价等于成本（工资加利润），在这一阶段，不宜采取零通货膨胀政策，因为这种政策将降低经济增长率，降低就业量。明智的政策是温和的通货膨胀政策，由这一政策所决定的长期均衡点即所谓政治均衡点。在图 3c 中，均衡点不应是 M，而应是 A，A 点即为政治均衡点。

3. 停滞膨胀理论。希克斯的停滞膨胀理论包含以下几个要点：

A. 初级产品供给不足。希克斯认为，凯恩斯视充分就业为经济增长的极限或最终限制因素，这一观点是不全面的，经济增长还受其他因素的限制，其中最重要的是初级产品供给的短缺。

B. 市场作用。希克斯认为，凯恩斯的价格理论是单纯的成本理论，这也是不全面的。他认为有两类经济部门，一类是制造业部门，另一类是初级产品部门，前者的价格由产品成本决定，后者的价格由市场供求决定。由于初级产品供给不足，短期内又缺乏供给弹性，因而价格急剧提高，大大增加了制造业产品的成本，从而导致价格普遍上涨。

C. 工资的作用。希克斯认为，在七十年代经济增长率普遍下降的同时，货币工资率却有增无减，这增加了制造业产品的成本，从而使物价上升。为什么会出现这种现象？希克斯认为，这是"工资独立推进"的结果。所谓"工资独立推进"，是说人们在经济增长年代习惯于实际工资的持续增长，在经济增长率下降的年代，为了保持生活水平的连续性，要求继续增加实际工资。希克斯十分强调这种“工资独立推进”的作用，认为它既构成经济增长的障碍，又成为物价上涨的促进因素。

D. 国际竞争和价格的国际传递。希克斯认为，在布雷顿森林体制期间，各国的经济增长率相差悬殊，经济增长迅速和经济增长缓慢的两类国家的国际收支情况很不平衡，贸易有顺差的高经济增长率国家的产品销路通畅，其价格居高不下，贸易有逆差的低经济增长率国家能获得贷款，这种贷款在国内起通货膨胀作用。同时通过价格传递机制，各国出口产业部门的价格上涨传递到国内生产部门，从而造成物价的普遍上涨。

希克斯的停滞膨胀理论，除了国际价格传递机制和对货币主义的批评有某些合理的因素以外，总的说来是肤浅的。其中有关初级产品和工资作用的理论，更是倒果为因，存在着十分明显的错误。希克斯所说的初级产品，主要是指发展中国家的能源和原材料出口。众所周知，由于历史上形成的国际经济秩序的不合理，发展中国家初级产品出口价格非常之低，而发达国家的制成品出口价格又非常之高。近年来发展中国家提高初级产品出口价格，完全是同不合理的国际经济秩序做斗争的自卫行动，是争取国际贸易中等价交换的权利。如果发达国家因此而出现经济衰退，这只是说明后者的经济增长是建立在掠夺发展中国家廉价能源和原材料的基础之上，是以发展中国家的经济停滞和贫困为代价的。至于发达国家在停滞膨胀时期所发生的货币工资的增加，不过是工人阶级对抗通货膨胀的斗争的反映，通货膨胀是因，货币工资增加是果，而且后者往往不足以弥补前者，这也是十分简单明白的道理。

在西方经济学界，希克斯自成一家，影响很大。希克斯经济思想在战后继续保持这种独树一帜的传统。在当代西方经济学界国家干预主义和经济自由主义两大思潮的斗争中，希克斯的倾向性是很明显的，他反对货币主义学派，支持凯恩斯主义学派，但在理论上又同后者保持一定的距离。我们所剖析的这本论文集，鲜明地体现了希克斯经济思想的这一特色，高度浓缩地概括了作者战后经济思想发展的几个主要侧面，是一本有重要参考价值的著作，很值得一读。

目　　录

前言与概论

本书收集的全部论文都是我近十二年来的作品。其中大多数原先发表在不同的杂志上(每一种杂志只发表过其中的一篇文章)。所以,除作者外,几乎没有人完整地读过所有这些文章。另外,有两篇文章(即目录中的第三篇长篇论文和第八篇论文)以前从未发表过。在这十二年中,我还出版了另外五本书。它们是:《资本与增长》(牛津大学 1965 年),《货币理论评论集》(牛津大学 1967 年),《经济史理论》(牛津大学 1969 年),《资本与时间》(牛津大学 1973 年),《凯恩斯经济学的危机》(于尔耶·杨松讲演,布莱克韦尔,1974 年)。虽然这几本书的主题及它们采用的探讨方法在表面上看是不同的,但是我相信,其观点是一致的,而且是互相补充的。把现在出版的这本论文集与那几本书放在一起对照,这一点就更加一目了然了。不过,倘若我试图在这个前言中,给那几本书和这本论文集里的共同观点予以扼要的阐述的话,那无疑是有益的。

我必须持否定态度来写我文章的开场白。1972 年,我因为"一般均衡与福利经济学"方面的著作而获得了诺贝尔奖。无疑,这与我在 1939 年写的《价值与资本》以及 1939 年后不久写的有关消费者剩余的论文有关。[①] 这些著作现已成为公认的"新古典经济学”(这是现代学术争论中所谓的名称)文献的组成部分。但是,这些著作是很久以前写的。我接受这一荣誉时,心情惊喜交集。我觉得自己在理论上已取得超越那些著作的成就了。这里我将设法说明其情由。

我现在对《价值与资本》的看法是这样的:它开头的“静态”部分是对帕累托需求理论的详尽阐述。阐述一种理论就如一个人走路一样,一旦迈开了第一步,他就会沿着一条好像是预先注定的道路一步一步地走下去(我的第一步是1934年我与罗伊·艾伦合写的文章[②])。这样,所展现的前景是令人兴奋的。所以,我写作时很难不去夸大这些步骤的重要性。因此我开玩笑地说了那句大家都熟知的话,荒唐地夸大了完全竞争假定的重要性。我声称:丢掉了这个假定,就意味着“大部分经济理论的……破灭”。[③]其实,我应当说:那就意味着“我那时所关心的那个经济理论的大部分的……破灭”。

自那时以来,我所关心的那个经济理论已发生了很大变化——萨缪尔森、德布鲁和其他许多人对它作了进一步的发挥,更不用提它在经济计量学方面的应用了——但我感到我对这个问题的研究已经结束了。我真正感到遗憾的是在《价值与资本》的所谓“动态”部分里,静态理论亦起了那么巨大的作用。

至今我仍然感到,我开始时提出那个“动态”问题的方式是正确的。我全神贯注于某一特定时期(我的“星期”)内发生的事,把它看作是嵌在历史过程之中的一个时期。所以,它有过去与将来。过去的决定(但现在已成为不可改变的事实)影响到从过去继承下来的资本存量的形式;对未来的预期则决定着资本投资现在的形式。所有这些看法都是对的，并且我将坚持这些看法。现在我感到我的错误在于：我试图把所谓星期的市场情况看作是均衡的，甚至在我的静态理论的意义上把它看作为“一般均衡”。只要人们的理论模式是建立在对未来的特定预期上的，那么，这样做在逻辑上是能够成立的。但是，由于(我已经觉察到)所谓星期只不过是分析全过程的一个步骤，所以，只考虑特定的预期便不够了。因此，我试图进一步考虑现期交易对预期的影响。我假定现期交易对预期的影响能(由于某种原因)与现期交易本身同时发生，以致供求的均衡能在这样的价格下达到，这种说法无论如何都属胡说八道。在《资本与增长》中，当我再一次仔细琢磨这一问题时，[④]我认识到这是胡说八道。“这是故意地歪曲了在现实世界里(任何现实世界里)事件发生的顺序。”[⑤]

正是这个手法，这个不可原谅的圈套，糟蹋了《价值与资本》的“动态”理论。[⑥]正是它把“动态”理论拉回到静态的亦即新古典的方向去了。

从那时以后，在本书收集的文章中，以及这个前言开头列举的大部分著作中，我极力避免走回到静态学的老路上去。我努力使自己在思考时更牢牢地把握住时间，使自己注意过程，但这不是说仅仅注意过程。单从各个时间阶段上去考虑问题还不够，必须把时间单位连接在一起，并且是在时间的长河里把它们连接起来。随着时间的流逝，将来变成现在，现在成为过去。一个人必须假定，在他的模式中，人们并不知道将会发生什么事情，并且人们知道他们自己确实不知道将会发生什么事情。这正和历史中的事件一样！了解一点历史，甚至外交史、军事史是有益的。这可以提醒人们去考虑他们必须考虑的问题。

刚才谈到的是我后来的著作(或者说,我后来的大部分著作)与《价值与资本》之间的主要区别。但是,我不能孤立地、只依据自己的著作来讲述整个经过。这个问题的范围比我自己的著作大得多。因为凯恩斯的经历与我自己的经历在某些方面有着奇妙的相似之处。

在凯恩斯那里,他的短期相当于我的星期。像我的星期一样,他的短期也有过去与未来。它的过去体现在它的特定的最初的资本上,它的未来由特定的预期来表现,具体体现在他的资本边际效率表里。以这些资料为条件,这个体系被假定是处在均衡之中,其合意的需求与合意的供给在所有的市场上(劳动市场除外)都在时价下相等。正是由于假定这个体系在短期内处在均衡之中(有关均衡赖以达到的过程的情况被忽略了),所以,一种在形式上十分类似新古典静态分析的分析方法便能够适用于这个体系。我在ISLM图式中总结的正是凯恩斯的这一模型。[7]固然,凯恩斯的《通论》比这个模型含有更多的内容。特别是在凯恩斯的某些其他著作中,其内容就更多得多了。这些著作能被适当地用来阐明他的模型。不过我确信,那些根据ISLM图式来理解他们的凯恩斯的后来的作者(有许多这样的作者!)确实掌握了凯恩斯学说的一个组成部分。[8]但是,这个图式是不充分的,它再次回到静态学的老路上去了。

一旦人们承认它是不充分的(无论ISLM图式或是《价值与资本》的方法都是不充分的),人们就必须更仔细地考虑在这个时期内会发生什么事情。虽然在凯恩斯的短期里,比在我的星期里,必

定会发生更多的事情,但是,正是我的星期把问题更尖锐地摆出来了。无论如何,我的星期不得不首先解决这个问题。

在一星期内发生的主要事情是交易。[9] 所以,在星期里,经济活动应是一个市场结构问题。人们应假定何种市场呢?

那些对这个问题有研究的人看到了瓦尔拉的幽灵。[10] 一般均衡可追溯到瓦尔拉那里。瓦尔拉是怎样考虑他的竞争性市场的活动呢?谁规定价格?也就是说,谁决定价格的变化?瓦尔拉面对过这些问题,但他对这些问题所作的回答是非常古怪的。他说:实际交易经营者并不规定价格,他们只是接受它。所以,价格必须由另外某人来定,由某个独立的执行机构来定。[11] 但是,这样的机构在现实世界中是怎样产生的呢?对于这些,他没有作出解释。

我自己探讨这些问题的方法也是有历史性的。但是,我想到的是马歇尔[12],而不是瓦尔拉。马歇尔是怎样设想一个竞争性市场的活动的呢?我的回答比较不明确,但也不显得那么古怪(就我能追忆到的而言)。这里关键的人物是商人,那些批发商或零售商。他们买进是为了再卖。因此,他必须有一个买价及卖价。然而,人们可以理解,在一个竞争性市场内,商人之间的竞争会"正常地"使这两种价格之间的差额保持在相当小的范围内(差额小乃是市场高度竞争性的标志)。因此,大概由商人来扮演瓦尔拉的机构的角色,并且正是他每当在交易中看到有利可图时,总是通过提高价格或降低价格来规定价格。制造业者(或头一个卖者)所能做的事就是接受或拒绝向他们提供的价格,虽然有时他们因害怕"纵容市场"(如马歇尔说的)而可能拒绝这种价格。因此,大概使市场保持为"原子型"(atomistic)市场的正是商人。

看来有理由假定，在马歇尔的时代，大体上属这种类型的市场是最普通的市场形式。虽然人们知道，在具有这种特征的市场体系中，另一类型的市场也可能出现。这就是所谓有组织的市场。这种类型的市场事实上早已存在了。有组织的市场好像就是瓦尔拉式的市场，因为，有组织的市场都按规则活动。这些规则都是俱乐部的规则。进入这类市场是必然会受到限制的。要求进入的人得保证遵守规则，并且愿意支付行政管理（例如，处理他们之间的争执）费用。如果俱乐部愿意，它可以雇用瓦尔拉式的机构，或用别的方式组织交易。当一群商人相互间已经形成惯常的贸易往来时，有组织的市场通常便会出现。这种市场的形成是因为人们发现有规则的活动降低了交易的成本。请注意，交易成本也必须被考虑到。

我试验过如下的假说：没有组织的市场制度——其价格是由中间商人决定的，但这种制度不排除在特定的条件下有组织的市场的出现。在特定的条件下，有组织的市场被看作是合适的——在大部分历史时期中，曾是占统治地位的市场形式。我的《经济史理论》主要就是为试验这个假说而作的努力。要解决这个问题需要做许多调查研究工作。但就我所能看到的情况而言，这个假说相当成功。然而，采取这一历史地探讨问题的方法不应带来这样的含意，即认为这种市场形式是不可避免的。如果说这种市场形式似乎适合远古的历史，那么，在本世纪它必定已经显著地衰落了。没有组织的市场制度已经在很大程度上被我称之为固定价格的市场取代了。在这种市场里，价格是由生产者自己（或由某个权威）定的，而不是由供给与需求定的。自然，我承认成本条件，有时需求条件也一样，经常影响固定价格。但是，当这些条件变化时，价格并不自动地发生变化。生产者必须就其价格作出决定。这些决定除受到单纯的供求关系的影响外，还受到许多别的因素的影响。有组织的市场在某些特殊场合还继续存在，其竞争性更强。所以，总的来看，它确实是以一种明显的供求方式活动的。但没有组织的弹性价格市场，即那种老的市场类型，则正趋于消亡。

固定价格型的市场在现代市场中居于支配的地位，这点几乎不需要加以证实。最平常的观察已经证实了这一点。使人们感到更意外的是，我认为从长期来观察，固定价格市场是一种新现象。然而，不难指出，二十世纪的一些进展有助于固定价格市场的成长，而在更早以前，这些进展则不可能会显得那么重要。在二十世纪的许多进展中，其中之一是（这在新古典经济学体系内是很容易理解的）大规模经济的范围扩大了——“厂商规模的增长”——就这一点便使原子型市场更难于活动了。[13]另一个进展是标准化（商标和包装），对这个进展我想给予同样的重视；这是使用现代技术的制造者提供质量特征的能力。质量的标准化与价格的标准化有很强的相互配合的倾向。因为，削价商品会引起质量低劣的怀疑。标准化的结果是商人的作用削弱了，以致商人成了生产者的纯粹的商品推销者，失去了他的前辈所具有的主动权。[14]值得注意的是，这些事情的发生是由于技术上的原因，而不是由于社会的或政治的原因。因此，不管这些国家在政治上是不是社会主义的，这种情况在任何工业国家，或任何正在实行工业化的国家，都可能发生。

假如上述看法是对的，即确实发生了这种变化，那么，这是一个大变化，甚至是一个革命性的变化。甚至可以说，它带来了“凯

恩斯革命”。人们在凯恩斯自己的著作中，确实可以看到它的反映。在他的《货币论》里，他还是马歇尔派，认为价格是按旧的普遍弹性价格的方式决定的。这意味着货币首先作用于价格。只有作为价格变化的一种后果，它才影响到产量与就业。对旧式的市场来说，这个看法是对的。所以，我们不应批评过去的经济学家这样看问题。在他们那个时代，他们这样做，很可能是完全正确的。在《通论》中，凯恩斯开始研究一个较现代的世界，虽然在他眼里，这种转变还没有最后完成。他没有理解到，问题的症结正是这种市场形式的变化，虽然他确实注意到了这种市场形式变化的许多派生的后果。特别是，他看到在固定价格制度下，货币量变化对产量与就业有直接的影响。他并且看到货币量变化对价格(包括工资)的影响是由货币对产量与就业的直接影响产生的，其影响方式不是那么自动的。[15]当人们全面考虑这个问题时，这大概是必须谈到的主要之点。

要是凯恩斯当年能这样看问题就好了！那么，今天我们也许用不着听取现代货币主义者的过火言论了。现代货币主义者就他们的思想而言，仍是生活在旧的、普遍弹性价格的世界里，但他们却认为自己能够从凯恩斯的著作中援引论据，或用他著作中的某些部分来论证他们那些仍不过是“听任价格机制去起作用”的政策主张。这种政策也许确实非常适合旧的普遍弹性价格的情况，但并不适合它的后继者。另外，要是凯恩斯讲到了这个问题，那么，现在我们也许用不着听取某些“新凯恩斯主义”者的傻话了。他们只考虑就业与产量，但准备把价格打入冷宫。正是因为我们不是生活在旧的模式里，所以，价格—货币价格是要紧的。不仅工资，而且还有许多别的价格，都既具有经济职能，又具有社会职能。在固定价格的情况下，那么多的价格被管理着，而且必须加以管理。在这种情况下，价格的社会职能已经比过去更加重要，更加敏感了。[16]

假如《通论》是这样来确定问题的，那么，《通论》所用的那个模式（确切地说，那个主要的模式）就可以被看作是由固定价格市场（劳动力市场与商品市场）一起组成的。按照这样的组合，单一的金融市场同货币必定有某种特别的关系。事实上，当然有许多金融市场，而且这些金融市场同货币的关系比凯恩斯所说的要复杂得多。因此，在货币理论中（即使是相当狭义的货币理论），凯恩斯还留下许多工作要做。

问题之一是短期利率与长期利率之间的关系。我在《价值与资本》里曾试图对此加以论述。[17]虽然那本书对这个问题所做的研究具有某种拓荒的性质，但是，它所作的论述是如此的不完善，以致被引入了歧途（这与我对不确定性所作的不适当的论述有很大关系）。[18]在《货币理论评论集》里，作者所作的论述要好得多。[19]可是这就像应归功于凯恩斯一样，应当把它归功于霍特里。我认为，人们常常低估霍特里在这方面的著作。说从他那里还能学到不少东西是本书下面第五篇文章所要说明的问题。

我自己近来关于货币问题的著作可分为三个主要部分：(1)《两个三结合》（收在《货币理论评论集》里）；(2)《凯恩斯经济学的危机》；(3)本书的第三篇论文。虽然这些文章都是单独写成的，但我认为它们大体上是互相连贯的。三个重要的主题贯穿于这些文章，使人注意到它们也许是有益的。

(i) 否定用有价证券方法去研究货币的交易需求。“关于 M_1（按凯恩斯意义上的 M_1），其要点在于，除了是非常间接地外，它不是自愿的。货币的交易需求（M_1）是因其他原因而作出的决定的间接后果。这些决定并没有直接估计其货币影响。……它是一定量商品的流通（按照特定的价格水平）所需要的货币。”[20] 这种货币可以被看作是对生产过程的一种投入。在短期内，在特定的制度下，它的投入系数很可能是相当稳定的。但在长期内，随着技术的创新，货币的投入系数则可能是有变化的。[21]

(ii) 流动性与灵活性。即使是考虑到凯恩斯的 M_2，我现在还是会抛弃简单的有价证券方法。因为，它对时间因素注意不够。[22] “流动性不是仅仅关于单独一个选择的问题，而是涉及一系列的选择，是一个相关的序列。它与在这样的认识基础上从不知到知的推移有关，即如果我们等待的话，我们就能得到更多的知识。”[23] 这个看法与凯恩斯关于流动性的许多著作是完全一致的。但在《通论》里，这一点似乎被遗漏了（其原因大概是走回到静态学的老路上去了）。[24]

(iii) 人们一旦抛弃了货币—债券的简单分析，建立一个金融市场的模型就成了人们义不容辞的责任。这个模型应当尽可能明晰地说明金融市场之间的关系。对这样一个模型，我已经做了几次尝试。本书《货币的经历与货币理论》一章第三节《凯恩斯》中有关部分所陈述的那个模型或许是最适用的。它应当得到进一步的发展。[25]

尽管上述所有这一切接触到了一些实际问题，但是，从形式上看它们只不过是关于单个时期(星期或短期)的理论。这种理论对把各时期连接起来,把各时期串在一起的工作没有什么用。然而,如果我们要有增长理论,那就必须解决这个问题。

确有许多增长理论存在。但我则特别研究过其中的三种。首先是十足的“新古典派”的生产函数理论。在我的《工资理论》(1932 年)中,这个理论是从庇古那里学来的。在本书的第一篇论文中,我将说明现在为什么摒弃它的理由。[26]

其次是稳定状态理论。在别人的著作中,这个理论表现为许多形式。在我的著作《资本与增长》的后面几章(十二至十五章)中,我对这个理论提出了自己的看法。在这种模式里,各个时期被连接在一起了。但是,这种连接的代价是各个时期都被搞得很相似;各时期在本质上都正好像其余的时期一样。这样一种长期的均衡,或增长的均衡,确实是回到了静态学的老路上去了。我逐渐感觉到,这种均衡比 ISLM 图式更糟地回到了静态学。因为在 ISLM 分析中,某些实际情况还被表现出来,虽然我们已经看到它们被表现得还不够,但是,现实世界并不是处于稳定状态中的。决没有、也(很可能)决不会有稳定状态。所以,从稳定状态理论中,人们能够指望的东西最多不过是,它可以提供某些概念,在这些概念的帮助下,我们能够对于一个变化着的世界谈些有用的看法。

可是当我继续使用《资本与增长》的稳定状态模型时,[27]我发现它实际上没有多大用途。最初我没有理解这是什么道理。后来我逐渐认识到,我的模型尽管提供了各时期之间的联系,但还是太“唯物”了。[28]我的模型太依赖于资本品的技术规格。资本品只是作为生产某种其他东西的中间产品来生产的。所以,它的技术规格无关紧要。一个真正动态的模型会因为这种技术规格而受到妨害。如果动态模型越过这种技术规格的阻碍,它就能更便于研究重大的问题。

因此,这使我回到了奥地利学派,并且在《资本与时间》里搞出了一个“新奥地利学派”的模型。我必须从奥地利学派式的稳定状态理论开始。但这只不过是准备工作而已。《资本与时间》的重要部分是它的“横切”(Traverse)新理论。[29]但是,就连这个理论,也只不过得到了一个极为推理性的表述。

这本书的第一、第二篇论文是《资本与时间》的应用。它们是属于那本书的,并可以包含在那本书里。可是,它们放在这里也许更好些,因为对于那些并不想搞通那个纯理论的读者来说,这两篇文章是可以看懂的。然而,《资本与时间》是一张梯子,通过它我攀登到了这两篇文章所阐述的观点。不过,在我的观点能被清楚地表述之前,我不得不减少对那个纯理论的依赖。在第一篇论文里,我的观点还是用相当理论化的名词术语来表述的。它主要是由别的有关的理论来阐明的。在《工业主义》这篇文章中,这张梯子终于被抛弃了。

不仅在《工业主义》和《资本与时间》之间有这种联系,在《工业主义》与《经济史理论》之间也有一种联系。那本书的某些读者谈到,它只“叙述”到工业革命(习惯意义上的工业革命),而对工业革命以后的情况却叙述得很粗略。最后一章看来好像是漏掉了。在《经济史理论》里,[30]我对没有写那一章表示歉意。我说这是因为篇幅不允许我这样做的缘故,但其实这只不过是一种辩解而已。不写那一篇的真正原因是那时我还没有掌握一个我真正有把握、能够运用自如地加以阐述的理论结构。后来，在写了《资本与时间》之后，我认为我掌握了这个理论结构。所以，当我应安德鲁·熊菲尔德的邀请发表讲演时（那个讲演，实际上应是上述漏掉的那一章），我认为我能做这件事了。人们将看到是否真是这样。[31]

在结束这篇前言之前，我想再提一件事，这就是惯例性的序言内容。在这整整十二年中，在写这些文章（以及我刚刚评述过的另外一些著作）期间，我一直是荣誉退休教授。但我被允许在万灵学院（All Souls）继续工作。我感谢学院给我的优待，并特别感谢学院让我做一点教学工作，因而有学生跟我一起工作。这些年轻人帮助我，我感到特别幸运。我尤其要提到其中三位：斯蒂法诺·扎马格尼，现在意大利巴马任教授；克劳斯·亨宁斯，现任德国汉诺威教授；以及 A. M. 考雷基斯，现为牛津大学布拉西诺斯学院研究员。另外还要加上雷纳·梅斯雷的名字，他现在意大利银行供职。虽然他在牛津大学的时间是在这十二年以前，但他使我重新考虑了利息率的结构，因而，他对《资本与增长》和《货币理论评论集》的写作起过作用。我非常感谢这些年轻经济学家给我的激励。

约翰·理查德·希克斯

1977 年 2 月

附　　注

① 其中最重要的是《消费者剩余的恢复》（1941 年《经济研究评论》，重印在阿罗与西托夫斯基编的《福利经济学读物》上）。

② 《价值理论的重新考虑》(《经济学》杂志 1934)。

③ 《价值与资本》第 84 页(中文版第 77 页)。

④ 《资本与增长》的前九章包括我的主要的方法论研究,现已叫做《宏观经济学的微观基础》。我现在仍然坚持那几章的几乎每一点。那几章比那本书后面的几章更加重要。

⑤ 《资本与增长》第 73 页。

⑥ 与单一价值预期(肯定性—相等物)这一假定相比,这个手法所造成的损害更严重。单一价值预期已使这个动态理论经常受到批评。参看《资本与增长》第 70—71 页。

⑦ 《凯恩斯先生与古典学派》(《计量经济学》杂志 1937 年;重收于《货币理论评论集》)。

⑧ 参见下文第 172—174 页。

⑨ 在下文中,我把这些交易都看作是现货交易,这似乎是经济学家们通常的习惯。我想其理由是,期货交易只不过是一种减少风险的形式,它(像保险一样)可以作为一级近似而被忽略。然而,当把有组织的市场(参见下文)引进到这个过程时,这一方法可能是危险的。可把《通论》的某些部分看作是凯恩斯自己对这个问题的看法。凯恩斯在这方面的研究由卡尔多进一步地发展了(《投机与收入稳定》,最初在 1939 年发表,后来经许多修改后,在他的论文集里重印)。保罗·戴维森新近的著作是循着类似的思路的。我在《价值与资本》中作过某些探索,从那以后,我没有再研究过这个问题。

⑩ 我想到克洛尔、莱荣霍夫德,或许还有帕廷金。

⑪ 克洛尔把他叫做"拍卖商",但我并不认为他就是拍卖商。

⑫ 《资本与增长》第五章《马歇尔的方法》。

⑬ 在第三篇论文里(第 104 页),我主要根据这里所说的第一种情况,不过那是一个简化的表述。参见第 105 页脚注。

⑭ 确实还存在另一种可能,即由商品分发者来打质量标记,如在一些大规模的连锁商店中所确实发生的那样。其结果不大可能是"固定价格",但标准化的倾向还是同样的。

⑮ 《资本与增长》第七章讨论了固定价格市场的活动方式。又见《凯恩斯经济学的危机》第 22 页(中文版第 18 页)以下,及本书《我们自己》一节中间部分(第 103 页以下)。

⑯ 参见下面的第四篇论文，及《凯恩斯经济学的危机》第 77—79 页（中文版第 63—65 页）。

⑰ 《价值与资本》第十一章。

⑱ 参见《资本与增长》第 71 页。

⑲ 尤其要看那本书的第五篇论文：《统一公债的收益》第 92—94 页。

⑳ 《货币理论评论集》第 15—16 页。

㉑ 《凯恩斯经济学的危机》第 48—49 页（中文版第 39—40 页）。

㉒ 我并没有因其他原因而抛弃它。我对它确实有了新贡献，这将在本书中叙述到，即本书的第八篇论文。我曾经考虑把它题为《对简化有价证券理论的一个建议》。可是后来我放弃了这个标题，因为这会使争论范围太宽。

㉓ 《凯恩斯经济学的危机》第 38—39 页（中文版第 31 页）。在做以上引证时，我更正了一个明显的疏忽。

㉔ 为了挽回这个缺陷，我花了许多功夫。当我写《两个三结合》的第二部分时，我对这一点是不清楚的（当我写题为《流动性》的论文时，对此就更不清楚了；这篇论文发表在 1962 年的《经济学》杂志上）。正确的表述见《凯恩斯经济学的危机》第 37—42 页（中文版第 30—35 页）。本书的第三篇论文便是在此基础上作的更深入的讨论。

㉕ 我在《资本与增长》的第二十三章（这一章实际上是一个附录）中作了第一次尝试。第二次尝试是在《两个三结合》的第三部分中。我仍要坚持第三部分里的许多观点，特别是有关资金与金融家的区别的观点。

㉖ 又见《资本与增长》第二十四章；《资本与时间》第十五章。有关庇古的“唯物论”的历史起源，见本书的第七篇论文。请注意，由于假定同质的物质资本，各时期的联系问题不再存在。

㉗ 《资本与增长》第十六章，关于“横切”。

㉘ 见下面的第七篇论文。

㉙ 第七至十二章。本书最后一篇论文的最后一节可作为进一步的评述。

㉚ 《经济史理论》第 160 页。

㉛ 本前言谈到的某些问题，以多少有点不同的方式，在我写的纪念尼古拉斯·乔治斯库—罗金文集的文章里也谈过（《经济学中有关时间的若干问题》，刊于《进化、福利与经济学中的时间》莱克辛顿书店 1976 年）。由于在本书付印之前，收录我那篇文章的书尚未出版，所以本书无法收进那篇文章。这个前言只是部分地（不是完全地）代替那篇文章。

一、经济增长的主要动力*

在我 1932 年第一次出版的《工资理论》一书中，有一章（第六章）的标题是《分配与经济进步》。这是我在那本书里写的第一篇理论性章节。所以，在某种意义上说，它是我对经济理论的第一个贡献。现在我并不认为那本书很好，而是认为在写那本书后，我已经学到了不少东西。然而，那本书颇有成效。一些以那本书为基础的，或根据别的同样性质的理论结构所写的著作都陆续出版了。所以，那本书远远没有失去其意义。然而，我自己已取得了新的进步。借这机会解释一下这一经过，或许有好处。我这样做不会越出常轨吧，因为这样做，我可以说明从 1932 年到现在这一整个时期内我所作的研究中，那些看来是重要的部分。①

我所运用的方法的特征是：把社会产品看作是由两种生产要素——劳动与资本创造的；劳动服务及资本服务对社会产品所作的贡献是大致相同的。设其他情况不变，增加其中任何一种生产要素的投入量，产量便会增加。设要素的使用量为已知，则产量就会有那么多。这样（还是设其他情况不变）就有一个生产函数（如后来所叫做的那样），它表明产量是所使用的要素数量的函数。各要素每单位的收益都等于其边际产量。在一种要素的使用量不变的情况下，另一要素的边际产量将随其使用量的增加而递减。于是，很明显，增加一种要素的使用数量（另一种要素的使用数量保持不变），另一种要素在产量分享中的绝对份额就会跟着增加。但是，因为使用数量增加的要素在产量中所得的绝对份额（根据其边际生产率曲线有无弹性）可能增加或减少，所以，社会产品在要素之间的分配（相对份额）可能有两种情况的变动。它究竟怎样变动，将取决于生产函数的“形状”如何而定。这种生产函数的形状，正如我用图表明的那样，可以由我所说的“替代弹性”来表示。

这并不是说，生产函数会长期保持不变；它可能随着新的生产技术的发现而改变，即随着发明而改变。按照维克塞尔的说法（我是追随他的），只有当发明增加社会产量时，它才会被采用。但是，就产品在要素之间的分配比例而言，由发明所导致的生产函数的变动，也许是“中立的”，或者不是偏左就是偏右的。在我看来，工资的提高（即每单位劳动分享到的产量份额的提高）会鼓励采用节约劳动的发明，因而对劳动要素不利。不过，是应该把这种“引致性的发明”看作是生产函数的变动，还是应该看作是在生产函数不变情况下要素之间的替代，这很不明确。

我在上面概述的理论，无疑一直有影响，但是几乎其中的每一个原理都成了众矢之的。我仍然相信，有些批评（如对边际生产力理论本身的批评）能被驳倒，或者能部分地被驳倒。[②] 但是有一个批评，我现在依然感到是击中要害的。

在生产函数中，“产量”、“劳动”和“资本”指的都是它们的数量。可是，若要确定它们的数量，就必须有某种方法，以便把它们各自明显的不同质性折合成某种同一质性。但是，要折算三者中的任何一个都不是简单的，甚至劳动，也不能用计算人头或人时的办法来折算。然而，最难办的是资本的折算。[3]在这里，资本一定是指物质资本品。它是物品的总体，必须用单一总量来表示。正如人们现在所熟知的(但在1932年，这并不是人所共知的)，它只有在两种情况下才能没有差错(没有任何差错)地加以计算；也就是说：如在两种情况之间，不论哪种情况能否被接近(但不是真正达到)，其误差都是可以容许的。一种情况显然是，资本的各个组成部分按比例地发生变化；另一种情况是(可以说，我在1939年就已经把它阐明了)，商品之间的价格比率，或者说它们的边际替代率，保持不变。[4]在前一情况下，资本这个综合体可用若干组物质来表示；在后一情况下，资本在价值上有一个总额。

在计算资本存量方面，人们显然不能断定上述第一个条件在实际运用中能大致得到满足。因为在进步的经济中，人们通常的经验是，在一个时期结束时，它的资本所包含的种类，与这个时期开始时所包含的种类相比，是不同的。新的资本项目被采用，旧的项目遭淘汰。只有在一个稳定状态的理论结构中，比例才能保持长期不变。然而，甚至就各稳定状态的比较而言，我们也常常不能很好地利用这个方法。因为，一种稳定状态下的比例通常不同于另一稳定状态下的比例。在这方面要想找到出路，希望不大。

乍看起来，另一种情况显得更有吸引力。可是，这里遇到了更敏锐的反对意见，这特别和琼·罗宾逊的著作有关。[5]

如果相对于劳动而言，资本增加了，那么，设其他情况不变(生产函数理论似乎是这样告诉我们的)，资本的边际产量一定下降，因而资本的收益率也一定下降。不过，资本收益率的下降，会随之带来(实际)利息率的下降。由于利息率下降，各种商品(例如各种耐用期限不同的商品)的资本化价值必定会发生不同比例的变化。所以,不同商品之间的边际替代率不可能保持不变。因此,价格不变这一条件便不可能被继续保持。它包含着矛盾。

这并不是说,统计学家按照不变价格(即按照某一基期的价格或生产成本)估计资本品是不对的。我想,对国民资本或社会资本的任何实际计量必定是这样的。但是,由于对资本作这样任意的估价,生产函数理论所说的资本与产量之间的技术关系是没有说服力的,同时没有理由证明为什么这种技术关系应当存在。[6]

至此,我说的这些只是作为前言。总的来说,从我的早年以后,我就已经让别人去琢磨这些生产函数及生产要素之间的替代弹性了。现在我想要谈的主要是我工作的另一方面。这些年来,我在这方面的工作已经逐步取得进展,而且现在我感到它更有前途。

这又回到上述的《工资理论》来了。上面我一直讲的是第六章,但还有别的几章(第九至第十章)。从这两章中,可以找到一个完全不同的理论的开端。这两章是有点古怪的。当那本书发表时,这两章与第六章相比更不受欢迎。其部分原因是因为我在第九至第十章里因袭了庞巴维克和维克塞尔的传统。这种传统对英国读者来说,与我在第六章因袭的庇古的传统相比,是较为陌生的。但主要是因为我所写的是与“新经济学”完全对立的。即使在那时,即《通论》出版前三年,新经济学就已经在逐步形成为凯恩斯经济学了。

在写《工资理论》时,我对新经济学的观点一无所知。那时我在剑桥因而也对在瑞典所发生的事几乎一无所知。可是,我的书刚一脱稿，我自己就开始转向新经济学方面来了。我偶然发现了一个重要问题，它即使与凯恩斯的流动偏好不完全相同，但也很接近。而且还在1936年《通论》出版以前，我就已经开始指出那个问题的某些要点了。[⑦]

我的许多著作，是对那个问题进行研究的结果，但这里不是说明这些事的场合。我必须坚持叙述《工资理论》中的那几章及其随后的变化。当我在1933—1935年间得出新观点以后，我首先对那几章的内容深感惭愧。我认识到（已太迟了）那几章是多么的不恰当。那几章与当时的客观实际没有什么联系。我所诊断到的并不是真正的病症。1932年的失业与我所设想的情况完全不同。

然而，即使这种病症在当时无关紧要，但对某一病症的分析并非无用。当某个人的著作更能针砭时弊时，时机就相随来到了。从我的情况来看，这个时机已经到来了。

在三十年代，我写的那几章受到抨击的主要原因就在于我开始时的假定：工会或政府的工资调停可能提高实际工资。当时，凯恩斯和他的追随者对这一观点持坚决的否定态度。他们说：工会只关心货币工资，而不关心实际工资。无疑，个别团体的货币工资的提高，对别的团体而言，将是实际工资的提高，但是在一个封闭体系内，货币工资的普遍提高，只会使物价水平以相同的幅度提高，因而使实际工资保持不变。当然，这意味着货币供给具有弹性。如果货币供给没有按比例地增加，利息率就会提高。由于利息率提高，对劳动的需求就会减少。因此，失业的原因就被看作是由于货币供给缺乏弹性的缘故。

很明显，凯恩斯的这些论述，现在看来并不像一开始那么有力。当然，凯恩斯的论述一开始所反对的，是用削减工资作为萧条时期刺激就业的一种措施。就这点而论，凯恩斯的论述还是强有力的。但是凯恩斯的论述在其他方面则表现得软弱无力。

虽然工会是在货币工资上起作用，但是工会真正关心的还是实际工资。如果货币工资的提高只是导致了物价上涨，那么，工会就会感到自己上当受骗了。这样，它们便将进而要求再一轮的货币工资的提高。因而我们便有了成本推进型通货膨胀。这是大家近二十年来，特别是近十年来很熟悉的事了。没有货币供给的弹性，就不可能发生成本推进型通货膨胀。因此为什么不对货币供给加以限制，从而控制或至少阻止通货膨胀呢？货币主义者必定会这样说的，走投无路的政府也一定会对货币主义者的言论表示关注。那么，造成失业的原因是因为对货币供给的限制，还是因为工资推进导致对货币供给加以限制呢？人们可以从这两个角度来考察这个问题，但是可以很有把握地争辩说，后者更重要。

这样看来，我在 1932 年的分析终于与当代的问题发生了某种联系，但是我在 1932 年的分析还与问题有另一种联系，我在写作那篇论文时就毫不怀疑有这种联系，只不过一直未对此进行研究。这并不是一个分析病症的问题，而是与经济的正常增长，即健康的增长有关。在健康增长的经济中，实际工资应当提高。实际工资这样提高的后果是什么呢？我在 1932 年所分析的是关于离开正常过程的工资提高问题。但是正常过程的工资提高应有类似的效果，虽然正常过程的工资提高不应引起失业。颇为类似的分析方法也应适用于分析正常过程的工资提高，这会加深对一般增长过程的理解。我近来主要致力于研究的就是这一方面的问题。我打算概括一下我似乎已经取得的某些成果。这就是这篇论文其余部分的主题。

我一直在谈论《工资理论》的第九—十章，但没有具体说明它们的内容。这两章的内容好多是枝节性的，现在看来是毫无关系的。只有一个问题可说是举足轻重的。

实际工资提高本身，无论它是怎样引起的，都将降低实际利润率。这就产生两种效应，在某种意义上说，这两种效应起相反的作用。一种效应是促进要素替代，通常是采用更加资本密集的方法；另一种效应则由于收入从利润向工资转移而减少储蓄。目前对这两种效应的认识与我在1932年所知道的相比，要丰富得多；但两者的区别仍然存在。我打算用较为现代的形式来重新阐明这个问题。

首先要坚持的是，不因由于我们使用像“资本密集”和“利润率”这样的术语，而去从总体上估价资本存量（我们在使用生产函数方法时似乎不得不这样做），这样麻烦自己是完全不必要的。重要的不是总的资本存量的平均利润率（这种利润率若没有对总的资本存量的估价便不能得到确定），而是新投资的利润率。在进行新投资时，新投资的利润不过是一种预期利润，而且实际取得的利润与预期的利润也许是不同的。然而，如果我们考虑到健康的增长，则似乎有理由假定预期利润与实际利润之间大体上是一致的。大多数的投资事业，其结果或多或少都是符合期望的。只假定这一点就够了。

就上述意义而言，除非使用这种机器是有利可图的，否则机器制造便无利可图。所以,要确定投资的获利可能性,我们就应当直接看到最终产品的生产。如果是这样考虑的话,在任何生产计划中,投入的是劳动,产出的是最终产品。所以,以最终产品计算的工资的提高必定会降低以最终产品计算的该生产计划的利润率。我相信这个规律是没有例外的,这个规律对在某一特定工资率下任何可行的计划,都是有效的。[8] 故对于任何一个计划来说(其投入和产出用数量表示),其(实际)工资率与(实际)利润率之间都有一个特定的关系,这种关系可用一条向下倾斜的曲线来描绘——我现在喜欢把它叫做生产计划的"效率曲线"。

其次,让我们做这样一个习用的假定(虽然是暂时的):技术是给定的,即是说在上述意义上,只有那么多的生产计划可供选择。每一个可供选择的计划都有一条效率曲线。假定"资本家"实际选择的新投资计划是在现行工资率下产生最高利润的计划(在这里我不谈做这种假定的理由)。这种选择可能是不受工资水平影响的。但是,有更多理由可以假定说,随着工资的提高,会有不同的计划(或技术)变为最有利可图。因此,随着工资的提高,就会按照"技术序列"(spectrum of techniques)发生替代。

人们通常假定有一个独一的实物指数,按照这个指数,我们能在技术序列中把"较低级"的技术与"较高级"的技术区别开来。但实际上这种能被毫无例外地应用的指数是不存在的。在 1939 年我已能指出庞巴维克与哈耶克为这个目的而使用的"生产周期"这一概念,一般说来是不适用的。[9] 但我们还可以根据大致相同的理由来否定任何实物指数,比如资本—劳动比率(即当资本通过某种办法在实物上被规定后)。[10] 然而,我们应当不让这些精细的安排掩盖这样一个事实，即在技术序列中较低级的技术（因而有利地采用这种技术要求低利润率，或利息率）通常需要花费较高的筹备成本，如建造成本，以作为节约生产经营成本的一种措施。如果在这简单的意义上，我们把这种技术看作是更为资本密集的，那么我们通常就不会走入歧途。

我将在稍后一点再来讲工资提高的替代效应。现在我得把话题转入另一个更麻烦的问题——储蓄效应。在《工资理论》中，我持传统的观点（这在我写作时是理所当然的），认为储蓄越多就意味着资本积累越多，并且认为资本积累有利于工资的提高。但是，我很快接触到了凯恩斯的思想体系，按照这一思想体系，储蓄效应似乎是恰恰相反的。

麻烦不在于凯恩斯的理论是货币的，而我的“古典”理论是非货币的（虽然很可能作这样的设想）。人们能够构思一个“物物交换”的体系，在其中货币不起重要的作用，但这个体系仍然可以按照凯恩斯确定的方式行事（顺便说一下，这并不是一个非现实的构思，世界在1970—1971年相当不错地模拟出凯恩斯式的真正衰退）。这个问题的澄清，花了一些时间，其原因与凯恩斯本人有关。由于那些使储蓄始终等于投资的令人遗憾的定义，他把他自己理论的一部分内容的意义搞模糊了。

如果我们把合意储蓄与实际储蓄、合意投资与实际投资加以区别（在瑞典学派中这一点在1936年已经是人所共知的了），这个问题就一清二楚了。从合意的意义上说，储蓄可能会超过投资，甚至在一个物物交换的经济中，这种超余也有可能发生，不过是以非合意积累，即剩余存货积累的形式出现罢了。如果合意的投资超过合意的储蓄，在合意这个意义上说，存货就会减少到正常水平以下，即低于合意的水平；或者说过多的订货单会堆积起来，而要满足这些订货就必须经过反常的延期耽搁。因此，这两种超余都可以被看作是失衡的信号。即使在物物交换的经济中，失衡也完全有可能。[11]

这样解释的储蓄—投资的均衡并不意味着劳动的充分就业，因为要达到充分就业，还必须有进一步的条件。条件之一是相对价格要恰当。在一个具有充分弹性价格的物物交换的体系中，是否能自动保持充分就业和投资与储蓄的均衡这两者呢？在这里讨论这一莫衷一是的问题是不必要的（顺便说一下，我自己确信，这不一定是可能的）。就我现在的目的来说，重要的是储蓄——投资的均衡与充分就业是不相同的。人们能够设想存在着储蓄与投资的均衡，并且持续地保持下去。然而，如果工资与价格的比例不适当，失业仍可能存在。这就是我在《工资理论》中本来应当讲的问题。如这样解释的话，凯恩斯的观点与“古典学派”的观点是相互一致的。

这个问题的澄清花了不少时间。在我1950年写成的《论商业周期理论》一书中，我在其主要部分里用了（原来被命名为）固定价格模本。[12]我采用了一个均衡过程（储蓄—投资均衡过程），并加上一个充分就业过程。我只注意均衡的背离。所以，充分就业过程的唯一功能是作为一个上限，对可能发生的失衡加以限制。我没有问为什么均衡过程应该在这个上限之下呢？确实，我对这些问题都没有花多少笔墨。我只是把它们划成一条直线，这是不去论述它们的一个简易办法！

进一步探讨这些问题的惯常方法是考虑保持储蓄与投资的均衡同充分就业这两者的可能性。假定这两个条件都必须满足，其结果将是什么样的呢？现在看来很清楚，实际工资必须有伸缩性。实际工资能经常保持其向上的伸缩性(flexing upwards)吗？如果实际工资能够这样做的话，那么，两个条件的同时满足也许能在没有摩擦的情况下维持下去(这并不是说情况一定会是这样)。如果实际工资不能保持其向上的伸缩性，但要满足这两个条件，实际工资又不得不发生波动，那么，困难肯定是巨大的。因此，进一步了解双重均衡过程(double-equilibrjum path)(我们可以对它这样命名)似乎是下一步要做的事情。

正是这下一步要做的事情，受到了广泛的重视。可以把在近二十年来发展起来的许多增长模型(虽然不是全部的)看作是对刚提出来的问题的回答，或尝试性的回答。有些模型，特别是那些贴了“新古典派”标签的模型，都应采用我开头说明的生产函数方法，可我自己对那个办法却不感兴趣，这主要是由于我所谈过的那些原因。不过双重均衡过程可以说是一个“古典经济学”的问题。由于我们现在不考虑失衡，因而我们从凯恩斯那里学到的东西与目前的问题是风马牛不相及的。我们必须去请古典经济学家帮忙。在我看来，能给予帮助的，并不是“新古典学派”，而是英国的古典经济学家，特别是约翰·斯图亚特·穆勒这人。

在穆勒放弃工资基金理论时，他必定忘记了他自己以前对这个问题的论述(鉴于他过去所作的所有其他的研究，如他在1868年对自己早期著作的回顾，他已有些迟钝，这也是不足为奇的)。关于双重均衡过程，他在《政治经济学原理》中所说的是基本上正确的。工资总支出(wage-bill)(实际工资总支出),恰好是最终产品在扣除其他用途后的差额。这些扣除不仅包括“用利润来支付的消费”,而且还包括公共团体的消费(正如亚当·斯密在考虑这类问题时所充分认识到的那样)。只要这种扣除的增加小于最终产品的增加,那么,在最终产品增加的同时,实际工资总额也必定增加。在双重均衡过程中,情况一定是这样。⑬

我们终于能够着手了解替代效应与储蓄效应如何相互配合了。必须紧紧抓住最终产品的活动。从投资到最终产品到工资,从工资到新投资的利润率,最后又回到投资,这些就是因果关系的环节。关于这些因果环节,要费许多唇舌。我不可能研究那些细节,只能谈谈一般的看法。⑭

让我们从某一发明开始吧,最好把它设想为一项重大的发明,以便使由这项发明带来的新的生产技术比以前所使用的任何技术更为有利可图。⑮要使这项发明能被利用,需要包含这项发明的新设备。所以,要是没有新的投资,这项发明便不能得到利用。但是,即使从来没有过这项发明,还是会有某些新的投资的,因而这项发明的直接后果是新投资所采用的技术改变了。经济的其余部分还是或多或少地像从前一样继续使用旧的技术,这些旧技术将慢慢地过时,但它们不可能在一夜之间就得到革新。

这种新工序不会立即生产出最终产品。在这些新设备投入生产以前,必定会有一段耽搁时间。在这段耽搁时间里,全部最终产品来自旧的生产工序。所以(按照双重均衡),要使最终产品不减少,旧的工序必须继续全部开工。除了采用减少最终产品的办法外，没有可能给新投资追加额外资源。这样，新投资用的，正好是在没有发明的情况下，本来用作新投资的资源。现在可用这些资源来创造新“机器”了。

即使在新设备投入生产时，最终产品也不一定增加。因为新机器获利能力的增加很可能只是由于经营成本的降低。这些新机器与被它们取代的旧机器相比，其生产能力不会更大，只是管理成本降低了而已。因此，当这些新机器投入生产时，最终产品这时并没有增加。真正发生的事是资源被释放出来了。但是双重均衡如果要继续保持的话，还有必要使用这些被释放出来的资源。这些资源要么可以在旧的生产工序上使用，以挤出额外的产量，要么被用在制造新机器上。在前一情况下，最终产量在这一阶段就会暂时有所增加。即使在后一情况下，虽然当额外的机器正在被制造时，产量还是没有增加，但最终产量终将增长。所以（如维克塞尔所设想的那样），有利可图的发明总会导致最终产量的增加，这一点是正确的；但是，完全有这样的可能：即最终产量的增加也许会被耽搁很长时间。

除非最终产量的增加被其他扣除的增加所吞并，或由于劳动供给的过度增加而出现僧多粥少的局面，否则最终产量的增加，将意味着实际工资率的提高（这时就会引起要素替代）。但是，假定此时不发生要素替代，也没有新的发明。在第一项发明出现之后，投资继续按照这项发明所确定的方式进行。随着旧的机器被替代，即将报废的那部分资本存量就将逐渐减少，而越来越多的资本将成为“现代化”的资本。在这整段时间里，最终产品会扩展，工资会提高。由于工资提高，利润率将下降，即从原发明刚发生后所达到的例外水平降至比较“正常的”水平。它将下降到与新技术下的稳定状态相适应的那种水平，虽然这在现代化完成以前不会发生。因为只要没有出现替代和新的发明，在那种稳定状态下建立起来的工资水平就是所能达到的最高的水平（除非减少最终产量中扣除的那部分）。

为证实这个结论，我们不必依赖于认为利率的下降将降低对储蓄的刺激那种“古典学派”的观点。[16]无论储蓄倾向的性质如何，要是没有进一步的技术变化，一个近似的稳定状态仍有可能出现。根据储蓄倾向所采取的这样或那样的形式，就会有不同的稳定状态及不同的收入分配。但它总会是一种稳定状态，而且在那种状态中，同该状态未达到时的情况相比，工资总是较高，利润则较低。

现在我们可以考虑要素替代的问题了。如果按照技术序列发生了替代（由于工资的提高，原先不能获利的新技术现在成为有利可图了），利润的下降就会放慢。这种替代的结果是倾向于采用资本更为密集的技术（至少在大多数情况下是这样）。这些资本更为密集的技术，在它们被采用时，大概会使最终产量的增长放慢。这就意味着，这些技术会降低实际工资率的增长（由于这些技术旨在节约劳动，因而它们降低工资的提高速度是不奇怪的）。但是，这种技术替代的结果（这一点是极为重要的），将是使经济“朝着”这样一种稳定状态前进，在这一稳定状态中，有更高的单位劳动最终产量，因而也有较高的工资水平（与合理的扣除比例相一致）。要证实这个基本的命题，可以采用几个办法。[17]最简单的办法只是去注意观察这一现象：即在稳定状态中，当经济体系与新技术完全互相适应，生产方法更是资本密集时，每个工人将得到更多的“资本”

装备。

上面所做的无非是个练习罢了，它不过是辨认一个因果关系。在实际经验中，这个因果关系与许多别的因果关系交叉混合在一起。然而，这个因果关系确是显得相当重要的。它表明，经济进步的主要动力是发明，通过利润率起作用的发明。每一项发明都引起一个冲动(impulse)(我们可以这样叫它)。但是任何由一项单独的发明引起的冲动并不是永不衰竭的。这种冲动的衰竭由利润率的下降来表示。但衰竭的原因(在充分就业或双重均衡过程中)则是劳动的稀缺。

我们讲的这些与穆勒讲的大体上很接近。穆勒说："利润率的下降"是由于土地的稀缺。但是，在原则上没有理由认为起作用的稀缺为何不可能是别的自然资源的稀缺。穆勒认为起作用的稀缺是土地的稀缺这一观点，只能被看作是经验主义的。这在他著书立说时，似乎有道理，但从那以后整个历史时期来看，穆勒的观点似乎不对了。[18]根本的稀缺必定是劳动的稀缺，或土地的稀缺(或二者一起)；严格地说，根本的稀缺必定是某种不能扩大的生产要素的稀缺。当然还有许多其他的稀缺可能在冲动的进展中出现。但是，能通过投资加以克服的稀缺，不会降低一般新投资的利润率。这种稀缺会改变生产过程中投资的方向，但也不过如此而已。会最终压缩利润率的，就是那些不能消除的稀缺。

一旦我们认识到，按照技术序列所作的替代正是克服由冲动引起的稀缺的一种办法，那么，许多问题便迎刃而解了。在原发明之后，如果除了该发明所直接包含的技术变革外，没有别的技术变革会随之而来，那么，该发明所产生的冲动就将很快衰竭。稀缺的要素会从原发明中得到十足的收益，但不会比这更多。但是，如果发生了旨在节约上述稀缺要素的技术替代，那么，这些要素最后获得的收益则会更大，而且很可能会大得多。这种收益在要素之间如何分配，可能还是个问题。然而，综合起来看，这些要素终究会从衰竭的推迟中获得利益。

按照这一观点，是把技术替代假定为在不变的“技术知识领域”(technology frontier)内进行，还是假定技术替代本身具有发明的性质，都是无足轻重的。虽然“技术知识领域”这一概念在构思上述理论时是有用的，而且在表述这个理论的开始阶段时(或许)还是必不可少的，但它最终仍是我们能够拆掉的一个脚手架罢了。因此，“引致发明”(induced invention)这个难题并没有引起什么麻烦。我们只需把这些技术替代解释为技术变革就可以了。这些技术变革在冲动的进展中被发现是可能的事。它们是这样的：即直到由它们“引致”出来的稀缺发展后，才使开发它们成为有利可图的。因此，它们表现为第二代的发明，是原发明的“产儿”，它的“经济产儿”。因为，我们可完全认为，它还有别的“产儿”——技术产儿，即在极广泛的意义上所说的“在于中学”。至于规模经济，它是有一派经济学家十分强调的问题。把它当作是与技术变革大致相同的问题来探讨是完全适当的。重大的发明会引起强大的和持久的冲动，因为它们有许多这种类型的“产儿”。

既然对首要发明的“产儿”作了这样广的定义，那么，根据当代的经验，要在首要发明与它的“产儿”之间划定一条明确的界线，显然是困难的。究竟怎样来划这条界线，肯定是一个判断的问题，或是一个爱好的问题。在较早时期，没有多少发明可被看作是首要发明，这时要画这条界线可能会容易一些。[19]在十九世纪，人们当然能觉察到一个重大的发明是铁路，它产生了明显的、独立的冲动。铁路时代就是一阵冲动，其进展是明显可见的。因为，从铁路的出现至完成，在这至少几十年的时间内，没有再产生过别的具有类似程度的冲动。许多经济学家（有时也包括凯恩斯）认为三十年代的萧条是由这种类似的冲动的中断所引起的。情况也许是这样，但并不一定是如此。因为三十年代的失衡完全能用别的方式来加以解释。要说明三十年代失衡的真相，不去充分重视货币方面的情况是不可能的，而我至此还没谈到这个问题。很可能，从货币方面来说明三十年代失衡的全部真相是对的。然而，可能还有问题的其他方面。假如我们能比现在更好地了解到这一点，这将会大有好处。因为这会帮助我们去认识像在本世纪中所进行的那种创新进程，从而比现在更好地去了解我们能在多大程度上依赖于创新进程的平衡性。借助于更好的分类，去研究过去的发明冲动，也许能大大提高对这个极其重要的问题的认识。

最后，我想再谈谈《工资理论》的问题：把实际工资水平保持在同适应双重均衡的水平相比要高的水平上，会产生什么结果呢？在作了以上的阐述后，我们不必用静态的方式来考虑这个问题。可允许均衡的工资水平提高，但实际工资水平将始终稍高于均衡的工资水平。现在我们不能否认，这是一个实际问题，因为目前可以用来实施这样一个工资水平的办法比过去要多得多。就算承认这样一种工资政策，那么，其结果又如何呢？

似乎会有两种主要的情形。第一，与较高的工资相应的也许是较低的扣除。较低的扣除将提高与双重均衡相一致的（实际）工资水平。所以较低的扣除能容许工资的提高而不引起失业。至此，一切顺利。然而，应当注意到这么一点：即如果工资水平的确定是任意的，那么，为了确保任意的工资水平与双重均衡相一致，扣除方面的波动大概是不可避免的。用这种办法不可能使问题一劳永逸地得到解决。

第二，假定并没有与较高的工资水平相应的较低的扣除。我认为，不容置疑，这也是一个实际问题。只要我们想到现代经济中有多少消费品是为了社会的用途而被“扣除”的，而且对这些消费品的需求与对较高工资的要求一样，都是来自几乎相同的方面，那么，我们一定会认识到，用降低扣除作为减轻较高工资的作用的办法，可能是有限的。因此，假定在这方面所有能采取的措施都已采取了。再假定须保持储蓄与投资的均衡（要保持这一均衡并非轻而易举，但既然有关这个问题的大部分内容都是人所共知的，所以这里就不赘言了）。在这种条件下，这个经济的前景将会怎样呢？

我们已经知道，更高的工资会影响新投资所选择的技术。可以设想，总的来说，这些技术同在相应时间内本来可能采取的技术相比要更加资本密集化。这些技术终究会提高每单位就业劳动的最终产量，其幅度与资本密集程度较低的投资所提高的产量幅度相比要高。但是这种在高工资情况下达到的投资量（即储蓄——投资均衡下的投资量）同本来可能达到的投资量相比要低。因此，虽然这个经济是“朝着”一个单位就业劳动最终可消费产量较高的稳定状态前进，但是，在达到上述稳定状态的过程中（而且，从原则上说，甚至在那个稳定状态中），就业量与本来应达到的水平相比要低。我现在认为，这就是我在《工资理论》里想要阐明的理论。

正如人们会看到的那样，这个理论有着诸多的限制条件。在我写那本书时，我不了解这些限制条件。然而大体说来，其主要的论点是站得住脚的。

现在，大家知道，对“发展中”国家来说，选择资本密集程度太高的技术，有可能使“现代化”部门扩大就业的速度比本来应当达到的速度慢。上面的论述充其量不过是上述原则的应用罢了。

附　注

* 得诺贝尔奖时的演说（按 1973 年《瑞典经济学杂志》重印）。

① 在斯德哥尔摩发表讲演是诺贝尔奖获得者的责任，他应在演说中总结自己的工作。虽然我是因为在“一般均衡”方面的著作而被授予奖金的，但我宁愿概括我在资本、工资与发明问题方面的思想进展。当然，除我以外，其他许多经济学家也在这一领域内进行研究。我希望人们将看到，我从他们那里（特别是从罗伊·哈罗德、琼·罗宾逊以及尼古拉斯·卡尔多那里）学到了多少东西。

② 在《工资理论》第二版（1962 年）所加的《评注》中，特别是在第 334—341 页，我已经作了说明。

③ 说它是最难办的，是因为它已经成为经济学家之间争论的主要问题。我承认，产量方面的加总问题，几乎是同样的难办。

④ 《价值与资本》（1939 年）第 33 页（中文版第 17—18 页）及全书。

⑤ 《生产函数与资本理论》（1954 年《经济研究评论》）以及后来的著作。

⑥ 在《资本与增长》（1965 年第 293—305 页）以及《资本与时间》（1973 年第 177—184 页）两书中，我已经极其详细地说明了我现在关于生产函数的观点了。

⑦ 《对简化货币理论的一个建议》（1935 年《经济学》杂志，重印于 1967 年《货币理论评论集》）。在《回忆与文件》（本书第六篇论文）里，我谈到了自己“转变”的经过。

⑧ 《资本与时间》（1973 年）第二章。

⑨ 《价值与资本》第十七章。

⑩ 这是"再转变"(re-switching)争论中最重要的问题。详细情况见《资本与时间》第四章。

⑪ 在一个封闭经济中,失衡是通过实物存量来发现的;在一个开放经济中,失衡主要是通过外汇的收支——即国际收支平衡来发现的,其原因是在现代国民经济中,外汇是最容易花光或堆积起来的存量。

⑫ 特别参照那本书的第八章。还有《资本与增长》(1965 年)第七至十一章。

⑬ 关于穆勒,参见《资本与时间》第 58—62 页。

⑭ 在《资本与时间》第九至十章中,对这一问题有更全面的论述。

⑮ 在开放经济中,出口产品潜在市场的开辟,也有类似的效果。

⑯ 甚至也不依赖卡塞尔对"古典派"的观点所作的高超的重新表述(参看《利息的性质与必然性》1903 年)。

⑰ 我自己喜欢的办法已在《资本与时间》第十章里陈述过。

⑱ 今天,在我看来穆勒的观点再次显得是对的。参看下面第三篇论文第 102 页及以下。

⑲ 在我写《经济史理论》时(1969 年),这些概念还没有完全形成,但那时我正朝着这一方向前进。

二、工业主义*

人们怎样理解"工业主义"？自然，人们把它看作是由工业革命所产生的一种社会状态。作为一种历史描述，这么看是可以的。但是，如果我们要回顾过去，展望未来的话，那么，我们就不能局限在一个历史时代的起点上。是否那个历史时代将结束，或已经在结束呢？在考虑这些问题之前，我们需要一个不同的定义。我们必须确定在工业革命进程中产生了什么事物，或者更严格地说，在工业革命进程中所产生的事物里，我们把哪一件看作是主要的。

库兹涅茨教授最近的一篇论文[①]对这个问题很有帮助。他不是给工业主义下定义，而是对他所说的"现代经济增长"下定义。然而，他的"现代经济增长"与我们所说的"工业主义"十分接近。因而，这就给我们提供了一个出发点。他给他的"现代增长"列举了六个特征。我把它们简短地、不确切地概括如下：(1)生产与人口的急剧增长；(2)生产率(相对于投入的产出)的急剧增长；(3)结构的变化，如人口从农业中迁移出来；(4)社会变化——城市化与非宗教化；(5)运输与通讯的革命，把世界史无前例地组成一个"统一的世界"；(6)国家之间的不平等增长，以致有些国家发展为"先进的"国家，而另一些国家则落在后面。

值得注意的是，在库兹涅茨列举的上述六点中，没有一点是谈资本主义的。我确信这是正确的。就他的目的而言,这是正确的。就我们的目的而言,这也是正确的。社会主义国家工业化,就像“资本主义”与“半资本主义”国家工业化一样。这是遍及全世界的现象,而不只是“第一”、“第二”或“第三”世界的个别现象。所以,我故意用工业主义而不用资本主义这个名词,作为我的标题。虽然在这两种类型的组织中,有许多事都以不同的方式进行,但就我们最关心的问题而言,两者几乎毫无异样。

我们必须牢记库兹涅茨讲的这六点,不过这六点还缺乏一个统一的原则。在这些巨大变化背后的推动力量到底是什么呢?用库兹涅茨自己的话来说,推动力量是“作为技术进步之基础的现代科学的出现”。这似乎就是我们正在寻求的原则。在今日,用以科学为基础的技术进步来解释问题,显然是有道理的。

可是我们能够把这个观点应用于譬如说1800年以后的工业主义的整个历史阶段吗?当然,1800年那时的科学非常原始。虽然人们能从十九世纪的大部分重要发明中找出科学的成分,但是,那些科学成分与今天的情况相比,不太显著。这一点人们不会感到奇怪。在工业主义的通史里,确有相当长的时期,那时技术进步显得不很引人注目。所以,经济学家们在寻找经济增长的原因时,都感到必须从其他途径来说明这个问题。人们只要回顾一下本世纪三十年代的情形,就会发现,那时技术进步的重要意义似乎一点也不明显。当时几乎没有经济学家曾优先考虑过技术进步这事,虽然现在看来这样做是理所当然的。无论是对传统主义者(现在叫新古典主义者),或是对在凯恩斯主义产生初期时的凯恩斯主义者来说,技术进步好像都根本不能说明问题。他们很少信赖技术进步。技术进步被提到了，但被放在相当次要的地位上。

对传统主义者而言，我想他们可能说，作为推动力量的是资本积累。他们所说的资本是指实物商品、工厂和机器。由于他们想当然地认为，凡是被储蓄的就会被拿去作投资，储蓄是获得更多机器的途径，因而他们把工业主义的兴起归功于储蓄阶级的兴起。亚当·斯密说过："每一个节俭的人都是公众的施主。"历史学家根据新教道德所作的解释，显然是与这一观点相符合的。

当然，凯恩斯主义者认为上述观点是完全错误的。他们说，储蓄导致投资，投资又反过来导致储蓄的说法都不对。因此，他们不得不从刺激投资的各种因素中去寻找他们所主张的推动力量。在资本主义条件下，这些因素就是能维持投资的预期获利能力的东西。凯恩斯把投资的预期获利能力叫做资本边际效率。他自己列举的在19世纪维持资本边际效率的因素是："人口的增长与发明的迭起，新区域的开发，公众的信心，和（比如）平均每十年爆发一次的战争。"[②]发明确实是提到了，但它是居第二位的，而人口的增长却被摆在首位。

为什么人们在这个时期认为人口的增加，从更广泛的意义上看，有利于经济增长呢？当《通论》刚出版时，在我写的一篇评论中，我试图对凯恩斯的论点加以合理的解释。我说："由于人口不断增加，使人们作出市场不断扩大的预期，这种预期对保持企业家的精神而言，是一件好事。当大家这样考虑时，道理是很明白的。即使发明并不高明，但随着人口的增加，投资也会兴旺起来。因此，人口增加实际上促进了就业。把雇用一个扩大着的人口和雇用一个收缩着的人口相比，无论计算结果如何，前者实际上要容易得多，至少当人口的增长或收缩被预算到时是这样，而这样预算也是可以的。”[③] 所以，随着人口的增长，扩展就能很容易地进行。[④]

但是凯恩斯主义者当时所设想的由人口导致的扩展，今天看来已更没有吸引力了。因为，我们现在是戴着稳定状态模式的有色眼镜来看待这一问题的。这种稳定状态模式已在五十年代与六十年代的经济学中变得司空见惯了。按照这种模式，刚好有足够的储蓄（与投资）来保证设备的扩展与人口的增长能相互一致，结果，使正在增加的劳动力平均每人使用的设备数量保持不变。人们可以看到，在这种稳定状态中，计划生产将是相当顺利的，所以，不会产生凯恩斯式的丧失信心的危险，因为人人都知道为了商业投资能有利可图，他们要干些什么。以上论述可以为人们接受，但光它还不能说明这一模式所产生的结果。因为，在稳定状态型的扩展中，每人平均的资本量不变，也没有什么技术进步，因此不会有生产率提高的迹象出现。扩张的人口会被吸收，但也仅此而已。在这样的稳定状态中，实际收入与实际工资都不会提高。

但是在这种稳定状态理论中，难道不是有一个重要的原理被忽视了吗？难道事实不是，扩展本身，甚至由人口引起的扩展，对生产率也起促进作用吗？我们本来应该向亚当·斯密请教的，是他说的“劳动分工是受市场范围限制的”，对这一点，后来没有经济学家曾加以否定。在每一本关于经济学原理的著作中，都有一节论述收益递增或规模经济的问题，虽然在我们的许多著作中，收益递增或规模经济好像居于次要地位。对这个问题，现在只谈两点：

首先，举足轻重的是市场范围问题。这不是一个购买者人数的问题，而是他们的购买力的问题，他们的实际购买力的问题。在某些商品的生产中，会有大量的规模经济存在。然而，人口的增加并不一定就会扩大对这些商品的需求。假设印度人口从五亿增加到八亿（据说到2000年，印度人口可能实际达到这个数字）。这一增加本身并不一定会，也不一定可能会使印度工业本身有可能成为颇具规模的经济。同样，19世纪前半世纪中，英国人口的增加，好像也没有在促进规模经济方面，产生可值得赞扬的作用。当然，这并不是说，规模经济不重要，但我们必须小心从事，不要到处滥用它。

其次，我们不应让亚当·斯密的制针业的例子（基本上是产业革命前的例子）弄得神魂颠倒。这个例子把规模经济与劳动专业化联系起来。当然，劳动专业化一直是规模经济的一个成分。然而，工业主义的一个特征难道不正是劳动专业化已停止成为规模经济的最重要的成分吗？其实，劳动是潜在地并非专业化的。作为一个生产者，人与机器相比有持久的优越性，他能够做（或能够学会做）许多不同的事。严格专业化的和被用来做某一特定工作的倒是设备——虽然不是全部设备都这样，但大多数设备是如此。所以，人们能利用短期规模经济，使工厂的开工日益接近其生产能力，而长期的规模经济，则通常意味着重新修建工厂，以适合生产更多的产品的需要。工厂能更好地加以改装，这种改装会提高生产率。

以上这些规模经济都在工厂设备上得到体现。但是，别的改进（即那些尤其是由“进步技术”直接引起的）不是同样也在工厂设备上得到体现吗？要找到那些由科学进步引起的但又不一定体现在实物设备上的改进的例子，也许有可能，但是现在，如果全面考虑这种改进所产生的各种结果的话，要找到以上的例子并不是易如反掌的。改进在实物设备上的这种体现也许只是很间接的。在“绿色革命”中，良种似乎充当了有效的动因，而生产这些良种却并不需要多少工业设备。然而，后来据说，这些良种的成功使用，却需伴随使用额外的肥料。所以，这种改进，从全局看，确实需要有固定的设备。化肥厂就是这种技术变革的一部分。

因此，关于工业主义，或“现代经济增长”，有一个到目前为止我们还没有考虑到的相当重要的基本因素。这里所说的当然是“科学技术”，但不仅仅是它。所需使用的技术必须体现在设备上，或者在很广的意义上说，它必须体现在“机器”上。工业主义的特征是机器，这一直是显而易见的。但是，是否在给“工业主义”下定义时，必须提到它，这也许就不那么显而易见了。

然而，还有另外一个问题，即用什么来开动这些机器呢？在工业主义的头一个世纪中，其答案是煤。在第二个世纪中，则是煤和石油以及数量较少的其他燃料。这种对只能在地球表面某些地区取得，而在其他地区几乎难以找到的少数几种自然资源的绝对依赖性，确实应被添作是工业主义的一个重要特征。人们也许梦想能打破这种限制而获得自由的工业主义，但是，到目前为止，甚至连这种可能性的影子都没有。经济学家在他们的增长模型中，往往忽视了这方面的问题。但是，他们的这种分析方法，今天我们难以沿袭。不管怎样，我们先考虑改进在机器上体现的结果（这是个可通过简单经济分析加以处理的问题），然后再考虑能源动力的供应问题。

现在，我将试图指出下面一些结果，这些结果是在把工业主义下定义为“体现在实物设备上的科学技术进步”时,伴随而来的。请考虑某个特定的改进,即某项特定技术的“进展”。很明显,这一改进必定有三个阶段。第一,研究阶段,亦即拟订方案。第二,建设阶段:建造设备,制造“机器”。第三,利用阶段,即新的生产力投入生产的阶段。

如今,作为第一阶段的研究与发展在近三十年中,已成为一种重要的活动。但在工业主义的大部分历史中,情况就很难说是如此。以前,科学设想是从天上掉下来的,或者用较不具形象的话来说,科学设想好像是为达到某个别的目的而进行的活动的副产品。这些科学设想几乎没有可确定的社会成本。因此,可以把它们的经济效果看作为好像是来自外界的东西那样来研究。

下面我先假定某一科学设想确是来自外界,并且没有别的类似的设想很快地随之产生。因而,这一单独设想的效果能孤立地加以研究。在历史上确实有过那么一个或多或少满足这些要求的例子。这就是铁路。它是 19 世纪的一项重要发明。在其全盛时期,它要比任何别的与它无关的发明更重要。以单独一条铁路来说,其建设阶段与利用阶段都能明确地加以区分。但是,就全部铁路建设而言,这两个阶段自然是重叠的。建设一条铁路要花很长的时间。要建设所有的铁路,就得花长得多的时间。其原因何在呢?

最明显的解释是,因为铁路建设所能得到的资源是有限的。任何大的建设计划都会遇到阻碍,如熟练工人和原材料的短缺。其中钢铁的短缺可被看作是原材料短缺的一个例子。一开始,这些阻碍会推延工程的进展,但时间一长,这些问题便可以得到解决。工人可以训练，新的钢铁厂可以建设起来，从而可以生产出更多的钢材。因此，虽然这类限制在一开始必定是严重的，但是它们得到缓和的时机是会到来的（并且会相当快地到来）。然而，这种限制本身并不能充分地说明为什么制造**所有**这些新设备的时间会拖得这么长。在这方面，必定还有别的障碍。

一个可能的障碍是劳动的短缺，即一般劳动的短缺，未经专门训练的劳动的短缺。这在某一个国家很可能是重要的，但就整个世界而言（铁路建设遍及到整个世界），就不显得那么重要了。另一个可能的障碍是货币方面的限制。但这是一个特定制度的问题，而且凯恩斯已经教导我们说，可以假定它并不存在。此外，还剩下一种限制。对它，较老的经济学家有充分的了解。这是个我们自己也已从经验中认识到了的、不能忽略的限制。它是说明为什么一个重大改进的应用，例如铁路，会拖那么长时间的主要原因。

让我们假定不存在由充分就业造成的限制。仍有一些人失业，如给他们提供机会，他们就能开始工作。然而，如果要使这些失业工人重新进入生产过程，就必须给他们工资。不管他们在失业时能得到些什么，这时的工资，无论如何要比他们原来得到的多得多。这是一条相当肯定的规则。除了在奴隶劳动的情况下，这在任何经济制度下都必定是如此。其实，即使奴隶劳动也许只不过是表面的例外而已。这些增加的工资可以用来购买商品。因此，必须提供额外的商品。谁来供应这些商品呢？现在提供的商品是过去生产的成果（就食物而言，这一点特别明显）。虽然可以投入更多的劳动来生产更多的这类商品（因为我们假定存在着失业劳动)，但是，必须经过一段时间后，这些商品才可供购买。所以，在任何特定的时刻，可供现期消费使用的商品在数量上都是相当固定的，而且不能很快增加。因此，由追加工资引起的消费所需要的商品，在短期内必须由别人来提供。

也许可由储蓄者来提供这些商品。现在他们比过去储蓄得更多了。这虽然是一个可能的来源，但一般说来，它不能被指望作为一个充分的来源。如果这个来源不充足，而就业还在增加，那么，这些商品就不得不从其他人的实际工资里拿出来。如果这种情况不得不出现，那么，其出现的途径会是众所周知的。在资本主义制度下，相对于工资而言，物价会有所提高。用货币表示的物价与工资有可能同时提高，但工资的提高慢于物价的提高。在社会主义制度下，定量供应、排长队或“拉关系”(procurement)等现象就会出现。因此，如果自愿储蓄不足，就会出现非自愿储蓄。但是，这种非自愿储蓄可容许的幅度也许是有限的。非自愿储蓄可能遭到反抗。在穷国，可能遭到农民的反抗，不可能很容易地使他们进行非自愿储蓄。在富国，可能遭到工会的反抗。因此，存在着储蓄障碍。它在任何特定的时刻都限制着可能的投资率。

有必要详细分析一下储蓄障碍。这样做的原因，一部分是由于在凯恩斯学说中，几乎完全没有关于储蓄障碍的分析，而现今这一代人多数是在这个学说下培养起来的。凯恩斯自己在写作时，忽略了储蓄障碍的重要性。他这样做是有道理的。这是因为当人们所研究的是怎样从萧条中复苏时，如 30 年代的特殊情况那样，那么，储蓄障碍并不是一个要紧的问题。在萧条时期，生产水平比生产能力低得多，而且原料存货堆得满满的。这些原料能被立即用来加工成各种各样的消费品。因此，复苏所需要的只不过是一点点非自愿储蓄而已。所以，在那种场合，不去考虑储蓄障碍是相当保险的。然而，这一点正好说明凯恩斯的理论并不是一般理论。

对储蓄障碍进行详细分析的另一个原因是因为我需要用这一分析，而且是非常需要用这一分析，去阐述我们在本文中所关心的、更长期的变化。让我们把话题转过来谈谈例如人口问题吧。现在，正是在世界上某些最穷的国家，人口增加得最快。我们现在或许不像过去那样担心马尔萨斯所说的危险，即怎样喂饱几亿新人口。但人口统计学家告诉我们，这是我们即将面临的局面。我们是否有根据可以这样洋洋自得，对这一点我们远远没有把握。即使假定我们这样做是正确的，我们还是面临着怎样找到储蓄来按“现代”方式雇用即使是比如像印度人口中现有的、按“现代”方式雇用的那部分人口。随着人口的增加，这部分人口也将增加。

英国在工业革命的初期，按当时的标准衡量并不是穷国。如同库兹涅茨所提醒我们的那样，其他各个已经成功地实现了工业化的国家，在其工业革命初期，也都不是穷国（他倾向于把日本看作是一个例外，但我认为日本在库兹涅茨所说的意义上并不是例外）。因此，这些国家不难获得必要的储蓄，并勉强容纳人口急剧增长。但无可怀疑，至少就英国的情况来讲，人口增长也是一个重负。我们不是从那时在我们的工业城市中建造起来的房屋上，看到了住宅紧张的痕迹吗？如果说人口膨胀维持着企业家的精神，那么，在反面也出现了可怕的问题。

上面我们谈论的是储蓄障碍的黑暗面，可是它也有光明的一面。虽然储蓄对现在可能达到的投资的扩大速度规定了界限，但经过一段时间后，这个界限将会逐步放宽。这是因为越来越多的新“机器”将进入它们的利用阶段。如果确像我们所假定的那样，新技术将真正比它所替代的技术优越而真正高效率地生产，那么，新设备的应用将使生产增加。生产扩大后，储蓄便能更顺利地进行。因此，在新技术初次采用后的某一时候，一直强加于经济的储蓄上限就会逐步放宽。即使是一项单独的重要发明，随着它的逐步应用，也会（似乎好像会）把一个迄今停滞的经济引入“自身维持的增长”中。

无论经济组织如何，情况都是一样（不过要受到下面我们将谈到的条件的制约）。在资本主义的模式中，亦即在经济学教科书中，那个已为大家所熟悉的模式中，生产率的提高增加了利润，而利润扩大后，也就能很容易地进行更多的储蓄。在社会主义制度下，利润属于公共团体，但是如果新技术证明是有生产能力的，那么，公共利润也会增加。并且，由于公共利润的增加，公共团体更会感到自己能很容易地筹集到新投资所需的资金。这些公共团体也许不这样做，资本家有可能也不这样做，但在这两种情况下，都有理由假定他们是会这样做的。

显然，在这有限的世界上，由单项技术改进引起的扩展不可能永远继续下去。例如，假定铁路建设永远继续下去，那么，这个世界最后将变成被铁路胡乱交叉重叠起来的世界。铁路的获利能力，或它的生产能力，依赖于它的定线情况。到了一定时候，就必定难于为新的铁路建设工程找到有利可图的地段。世界没有足够的空间来满足比如由某项特定发明所引起的某一无限扩展。

然而，空间并不是唯一的问题。任何无限度的扩展都必定会遇到稀缺问题。某些稀缺，譬如前面讨论过的各种障碍，是可以消除的，最终是可以克服的。别的稀缺，无论是从其必然的命运来说，还是从它在世界上存量稀缺这一点来说，都是不可消除的。正是这些不可消除的稀缺，使我们上面讨论的那类扩展停顿了下来。⑤

对这个问题认识得很清楚的第一个经济学家，显然是李嘉图。然而，既然他只是根据一种特殊的情况来论述这一问题（而且现已表明这一特殊情况并不是很现实的），所以，只是在很多年后，他对这个问题所作的阐述的意义才被别人充分理解。他假定，劳动供给是可以无限扩大的。只要不断增加的劳动力所需的生活资料能保证得到供应，劳动供给就可以无限增长。因而，他所说的起作用的稀缺是农业土地的稀缺。这就是他提出“利润率”下降问题的根据。由于土地稀缺，相对于劳动力的不断增长而言（即使劳动者本身的实际消费并没有提高），一定量的生活资料的供给从雇主的观点来看就变得更加昂贵了。随着劳动成本的提高，利润率就会下降。

在李嘉图的纯模式中，技术是不变的。这一点引起了很大混淆，因为他没有说明，起初的利润率怎么可能那么高，以致能够往下跌。如果我们对这一进程的更早阶段进行分析，以某个重大的改进为起点，这一改进提高了利润率，那么，李嘉图所说的就容易理解得多了。他说的是，如果在技术上没有进一步的改进，随着最初技术改进的推广应用，这一改进的收益率必定随着时间的推移而下降。

土地在被用于生产食物时，其稀缺可能有上述的效果；土地在作为矿物或能源源地，或用于许多别的目的时，其稀缺也可能有这样的效果。而且最值得注意的是，劳动的稀缺也有同样的效果。在李嘉图所设想的相当老式的资本主义经济中，起作用的稀缺（或者说，起主要作用的稀缺）是土地的短缺还是劳动力的短缺这一问题关系重大。在前一情况下（李嘉图所设想的情况），土地的稀缺会提高地租。在后一情况下，劳动的短缺会提高工资。在社会主义经济中，是前一情况还是后一情况关系都不大。如果地租由国家获得，它可能以某种社会福利的形式转到劳动者手里。但是，即使在社会主义经济中，不能消除的稀缺（土地或劳动力的稀缺），也将使最初的技术改进的收益率在该改进的推广应用中递减。在这两种社会制度下，最初的技术改进所造成的冲动总有一天会消失。[⑥]

当这样来解释（或概括）稀缺问题时，李嘉图的理论还是成立的，而且我认为，这个理论倒是十分重要的。如今，新的改进（“技术进展”）层出不穷，这完全是事实。但这并不意味着李嘉图的理论已经丧失了它的重要意义。现期的改进（“最新的改进”）并不即刻对现期生产的增长作出大的贡献。现期生产的增长主要依靠过去的改进所引起的尚未衰竭的冲动。因此，假如技术进步停滞下来，并且新的技术改进的源流干涸了，那么，生产率的增长终归会停顿下来。但它不是立即停顿下来，因为到技术进步停顿的时候还没有衰竭完的冲动仍会继续发生作用。在经济增长时期，新技术的发现使这种衰竭（虽然它是扩展的经常威胁）不断地得到避免，并产生新的冲动。

由于个别的冲动在时间上是延续的，所以，它有两个方面，即冲动范围与冲动的时间形式。这两者一方面取决于引起这一冲动的改进的性质，另一方面取决于这一冲动发挥作用的所在经济的特点。请考虑这样一个冲动例子，这一冲动最终是由劳动短缺结束的。完全有可能，这一冲动首先起节约劳动的作用，因而在任何劳动短缺（它们是由这个冲动引起的）被感受到以前，扩展将能进行相当长的时间。在那个阶段，在劳动短缺到来之前，扩展的速度将取决于获得利润的那些人的性格。他们越是乐于储蓄，越是乐于用所获得的利润进行投资，扩展的速度就越快。随后，当短缺开始起作用时，这种未受羁绊的扩展便会受到限制与阻碍。扩展的步伐还像以前那样受企业家进取心的影响，但这种进取心的效果如何，将取决于人们在多大程度上能够找出途径来克服短缺。这些克服短缺的途径本身就是技术变革，但它们是由最初的技术变革引起的，因而是一种“引致发明”。

应该把最初的进展看作是会带来一批技术变革成果的进展。我们至少可以把这类成果分为三类。第一类为纯技术性的、无经济特征的变革；随着最初的改进被推广应用和在所用设备上被体现出来，作进一步改进的机会便自动地到来——“在干中学”。第二类是作为规模经济出现的改革；生产扩展自身提供了技术变革的机会。我们所说的“引致发明”则归入第三类。

这类“引致发明”对我的论题有特别重要的意义。请再考虑一个技术冲动的例子，在这一例子中起作用的稀缺是劳动的短缺。在这个冲动过程中，工资会提高，即实际工资会提高。无论工资提高是采取提高货币工资的形式，还是采取降低物价，但货币工资几乎保持不变的形式，都只是一个货币问题。对这个货币问题，这里我并不关切。在冲动结束时，冲动的扩张力因工资的提高而终于衰竭，但已被提高的工资则被保留下来。假如这时没有别的冲动，也没有引致发明，那么这个经济将进入稳定状态，其生产不再提高。这时的经济就会达到亚当·斯密所说的“财富的充分补足”(full complement of riches)。但是，由现已衰竭的冲动带来的较高的实际工资将得到保持。

不过，假定这时有引致发明，这些发明是由实际工资的提高所引致的(在这种情况下，情形往往是这样)，也就是由工资相对于产品价格(从整体看)的提高所引致的。这些技术变革旨在节约劳动成本，并从而减轻劳动的稀缺。因此，这些技术变革趋向于减慢工资提高的速度。可是引致发明还有别的作用，它会延长冲动的寿命，推迟冲动衰竭的到来。本来早就会停止的工资提高现在能继续延长下去，而且最后可能达到的工资水平会高于这个冲动较早衰竭完时本应达到的水平。这个论点可以通过几种方法来证明，其中最容易的方法只用去观察当资本积聚过程继续延长时，一个工人最终会有更多的资本设备来使用。

我用不着强调我们在这里遇到了一个基本的对立，似乎是资本与劳动之间的对立。但更仔细地考虑这一问题后，会发现其实是劳动自身的长期利益与短期利益之间的对立。这个对立是工业化可使劳动者负担非自愿储蓄的又一个方式。与别的方式相比，这一方式的破坏性较小。这是因为，造成这一方式的原因是实际工资的提高(除非是因为实际工资的提高，否则这种方式就不会出现)。然而，这种方式也是够严重、够有破坏性的。

另外，还有一个一般性的问题必须讨论。假定无论由于什么原因，增长速度减慢了，情况将会怎样呢？那些由凯恩斯经济学培养出来的经济学家会采取一种很悲观的看法：相对于储蓄而言，投资会下降（自愿投资相对于自愿储蓄而言），而且这一下降必定导致失业。在凯恩斯生活的30年代，情况似乎就是这样。但是，根据更长期的经验，我们必须采取不同的看法。必须承认，在某些国家，可找到凯恩斯式的反应并不奇怪。例如，日本的经济就是以很高的储蓄率为基础组织起来的。所以，在日本，自愿投资率的下降，很可能会产生有规律的凯恩斯效应。可是，在大多数西方国家，所不足的是储蓄。投资的下降可能要求经济作出一些重新调整，但总的来说，这些调整能比较容易地进行。不容易解决的问题是工资的变化形式。大量证据表明，经济增长速度的减慢会使实际工资的提高比往常慢，从而很可能引起工资推进型通货膨胀。由于物价也提高，货币工资的提高并没有给人们提供所期望的东西。所以，压力再次出现。意大利在1962年以后的情况或许是最引人注目的。但对英国情况的分析看来也得出了相同的结论。⑦从长期来看，这种情况是一种过渡现象，但它也是一个难于摆脱的可怕的困境。

现在我终于能够进行展望了。虽然我不能高瞻远瞩地洞察“未来的迷雾”，但我至少能够把本文的主题分解开来。我将按下列四个标题来讨论本文的主题：(1)技术；(2)规模经济；(3)土地；(4)劳动。

(1) 技术——以科学为基础的技术

你们不必期待我谈科学进展的前景，我讲不出什么有启发性的东西。我对科学所知甚少。实际上，当人们想到现代科学被划分为无数的部门时，那么，是否有人能对所有方面的科学进展进行评价，这是令人怀疑的。但是我们所讨论的问题不仅是科学进步的问题，而且也是科学演变为技术——演变为经济生产技术的问题。对于这个问题，或许还有更多的话需要讲。

在科学设想是“上帝恩赐”的阶段，在经济上有生产效率的科学设想，想必是几乎杂乱无章地出现的。可是人们也能够推断，为什么科学设想的出现似乎具有不断增加的趋势。在那个阶段，科学是一种奢侈品，它是作为一种娱乐消遣或文化活动来从事的。某些有才能的人有特权在这种活动中度过他们的光阴。像别的奢侈品一样，这种活动也有收入弹性。随着财富的增加，收入中花在这种活动上的比例也就增加。因而，它是一种不断扩展的活动，而且从这种活动中涌出来的科学设想的源流也随之扩大。

在那个阶段，科学设想的成长就像野生植物的成长那样，是杂乱无章的。但是，人们认识到栽培这些植物是值得的日子（正如在别的野生植物方面所发生的那样），总有一天会到来。大量的资源从而被投入到“研究与发展”中去，目的是发现新的、在经济上有生产效率的各种技术。在资本主义国家，利润动机起作用。但社会主义国家向这些榜样学习得也不慢。近三十年来，这种方向性变化的后果是很壮观的。它引起了可被形容为第二级的冲动的冲动，即由一个冲动产生许多冲动。然而，当我们按照这个观点来观察时，我们必定会仔细考虑这种冲动衰竭的可能性。即使它是第二级冲动，它还是和别的冲动一样。像别的冲动那样，它有可能不消失吗？

有一些迹象表明它有可能消失，也有一些理由说明它为什么有可能消失。我们通常把消费品看作是生产过程的最终产品，然而，这些消费品本身又是达到某种或多种目的的手段——满足人类的基本需要。这些基本需要并不是很多的，有食物、衣服、住宅，在富裕社会还有娱乐（娱乐可以具有较低的文化价值，也可以具有很高的文化价值）。大多数人对这些东西的需要还远远没有得到充分的满足。但是，大家可以看到，靠扩大生产的办法来满足这些需要，亦即靠延长旧的冲动的办法（这事实上意味着，用旨在克服稀缺的引致发明来延长冲动）来满足这些需要，比靠引起崭新的冲动（例如，发明崭新的消费品）来满足这些需要更容易。按照这一观点，有组织的科学研究与发展对满足基本需要所作的贡献，很可能与所花的成本是不成比例的。因此，难道我们不应清醒地认识到我们以前所经历的有可能是一个繁荣时期，是一个异常的冲动，但这一冲动终将回到某种更适度的状态中去？我们不应想当然地认为这一繁荣必将永远延续下去。

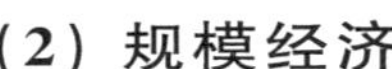

（2）规模经济

我已经对两种规模经济作了区分。其中一种是亚当·斯密所说的劳动专业化。另一种是工业所特有的规模经济，即大工厂、大“机器”。按照推理，每一种规模经济都将产生相同的利益：当一个人把他的全部时间专心用于制针（或修理车辆）时，他生产出的产量将超过假如四十个人各自花费他们的四十分之一的时间所能生产的产量，而大工厂花费四十倍的成本也能生产出四十倍以上的产量。但在前一场合，最佳规模不可能大于一个人可以用来工作的全部时间,而在后一场合,最佳规模要远比这大。

可能人们完全同意,后一种规模经济是工业生产率的一个主要成分。这种在今天与工厂规模相联系的规模经济已经扩展到亚当·斯密从未梦想到的程度。然而,具有重要意义的是,这后一种规模经济与前一种相比,不但在程度上不同,而且在性质上也不同。劳动专业化增进了人的熟练程度,而且一个人越熟练,他便能从它的工作中得到更大的享受,这确是人之常情。然而,由非人力因素支配的大规模工业生产则不呈现这种趋向。大工业生产固然要求某些人有很高的技艺水平,但它并没对大多数开机器的工人提出此类要求。工业中的"半熟练"工人与农业劳动者相比,常常更缺乏技艺(因为大工业对工人的才能要求要少)。按这种方式达到的生产增长是以人类幸福的高价换取的。我们用不着作进一步的探讨,便会找到工业不稳定的一个主要原因。

此外,机器使用的畸形发展带来的另一个人所共知的后果是垄断。它首先表现为大公司的垄断势力。这种垄断势力是针对消费者的,或是(以各种不同的劳资冲突形式)互相对立的。要对付这个问题,有一些显而易见的办法,即通过国家所有或政府控制来解决。但是,我们已经从痛苦的经验中认识到,这些都不过是治标的办法。它们对垄断势力的集中没有影响。凡操纵着庞大的"机器"的(大电网、电话网是突出的例子),手中都有权。无论这个权力是由资方,或是由技术人员,还是由劳方工会组织来行使,它都是大体相同的权力。

在工业主义的历史上,曾有过一个阶段,人们在这个阶段中发现,包含着大量资本投资的大机器为劳动者提供了对雇主施加压力的更好机会。因工作时间中断而可能造成的利润损失已变得更可观了。在这个阶段中，大机器是使工会成长起来的一个重要因素，也许还是一个关键因素。那时，工会的斗争可被看成是阶级斗争，劳动反对资本的斗争。现在，无论是在社会主义制度下，还是在遗留的资本主义制度下，劳动与资本都站在同一方，劳动与技术专家也站在同一方。但是，斗争还在继续进行。它表现为各个产业部门对其余部门的斗争。这种斗争不光是为了在社会产品中取得应得的一份，它的影响要远比这深刻得多。技术进步本身受到了威胁，或者说被歪曲了。技术进步的目标不再是为了生产的一般增长，而是为了个别工业部门的局部利益。当存在这种偏向的时候，技术进步必定会不可避免地减慢。

如果这就是如某些人所说的那样，是“英国病”，那其他国家似乎也正在感染这种病。但是当我们以这种方式考虑上述问题时，我们也许能看到一点希望(虽然是一线希望)，即我在上面讲到的大规模工业生产的两个缺点将来也许会在某种程度上互相抵消。如果本来是为了个别工业部门的利益而设计的技术变化，被用来提高这些部门所需要的技术水平，用来改善工作条件和提高工作质量的话，则会带来巨大利益，以致“垄断损失”将成为一种很便宜的代价。这的确将是一种新的工业主义。然而，或许只有某些模糊的迹象表明我们正在朝这一方向前进。

(3) 土地

关于自然资源稀缺这个笼统的问题，我将稍微谈一谈。这是因为，它现在是一个被别人广泛讨论的问题，虽然长期以来它被忽略或没有被理会。考虑到目前自然资源的短缺，对这个问题进行广泛的讨论是很正常的。人们会记得，自然资源的短缺，至少在1974年短缺恶化的前一年，就已经成为严重的问题了。指数增长论不时兴了。某些经济学家甚至已开始研究怎样使西方世界经济进入稳定状态的问题。[8]土地短缺的问题又迅猛地卷土重来。

普遍的原材料短缺是严重的，但是大多数特殊的原材料短缺只不过影响有限的几个工业部门而已。对工业主义来说，一切短缺中最严重的短缺是能源的短缺。还在煤炭能源最盛行的时代，杰文斯就已断言煤炭供给将会枯竭。[9]不是煤炭资源会被用尽，而是它可能变得更难开采，就如现在已发生的情况那样。石油补救了煤炭的短缺。但石油与煤炭有一个相同的特征：它们的来源都具有地区局限性。所以，它们的供给者如果合起伙来，就能敲诈勒索世界。因此，不仅大机器，而且能源供给的地区局限性，都使工业主义面临着挑战。

无论这种挑战是自然的，还是人为的，它们最终都可能被克服。引致发明能提供补救的办法。但是无论是靠引致发明来节约能源，还是来发现代用品，要进行补救都必须作出艰巨的努力。这比在资源丰富时代需要做的努力似乎要艰巨得多。

(4) 劳动

到目前为止，我们一直在讨论一般的劳动，而没有在各种劳动之间作出多少区别。现在，我们必须就劳动在各种职业之间的分配，以及劳动在各个国家之间的分配这个更广泛的问题谈些看法。

冲动理论可被应用于两种情况：应用于个别的国家，或应用于整个世界。把这个理论应用于个别的国家是更加惯常的。我们有这样来思考问题的习惯，而且我们所研究的客观实际也是以这种方式呈现在我们面前的。但是，如果我们这样来应用这个理论，就必须对它作某种修正。我们必须考虑到该特定国家的对外关系。科学思想可能来自国外。从储蓄意义上来说的资本可能来自国外，也可能流到国外。自然资源的稀缺可能不是直接通过这个国家内部所发生的情况，而是通过它的贸易条件的变化暴露出来的。然而，关于冲动理论在具体国家的应用，我现在想要强调的是另外一个方面。它与实际工资提高的过程有关。我已经把实际工资的提高过程解释成一个劳动稀缺的问题。但是，我们应该更仔细地考察这个问题。现在举一个“先进”国家的例子吧。在这个国家里，实际工资毫无疑问已经有了大幅度的提高。如果工资的提高并没有伴随着充分就业(总的来说，这确实没有发生)，我们能把实际工资提高的原因归结为劳动的稀缺吗？只要我们想到劳动并不是同质的，那么，我想，我们就能这样来下结论。

首先，我们可以看到，一般的经济扩展必定伴随着特殊劳动的短缺。至少，有几种劳动将表现出供应不足。靠强大的、非常强大的市场力量的作用，供应不足的劳动的工资将会提高。无论是在资本主义国家(不管它们是工会化的，还是非工会化的)，还是在社会主义国家(只要这些国家给工人以任何自由)，都会发生大体相同的情况。

但事情到这里并没有结束。因为还有两种途径会使工资的提高得到普及。其中一种途径是纯经济性的。特殊熟练劳动的短缺能被克服。这种短缺可以通过发明节约稀缺的劳动、代之以便宜劳动的办法来克服，或可以通过训练其他工人学习必要的技艺来克服。因此，对劳动的需求便从这一部分工人转向另一部分工人，从而使劳动稀缺与工资提高两者得到分散与普及。尽管这还不足以吸收全部劳动供给（无论它是哪一种类），但是充分的扩展必定会使大多数工资提高，从而意味着平均工资水平的大幅度提高。

我们可以经常看到工资的提高以这种方式普及，但这并不是普及工资提高的唯一途径。除了这种经济性普及外，还有我们称之为社会性的普及。有些社会势力旨在搞乱已确立的工资差别（这些社会势力由于工会的存在而大大地加强了，但它们决不依赖于工会而存在）。这些社会势力使最初的，局部的工资提高蔓延开来。“我们对这些人给得多了，所以对另一些人也应当多给一些。”这与发生在个别企业里的情况相同，而且在具有某种程度的社会统一的国家里，这种普及甚至会在一定限度内更广泛地展开。这就是为什么相当普遍的工资提高并不要求整个劳动市场出现“紧张”的原因——只要劳动市场里一些大的部门出现“紧张”就够了。

我完全同意我的经济学同事的意见，即这种“社会”普及在经济学上没有最佳状态。但是，经济普及本身，就如它实际上发生的那样，又远远达不到令人满意的经济标准。假如劳动市场像商品市场一样运行，其工资直接地、迅速地对供求压力作出反应，那么，结果会怎么样呢？这时，失业有可能减少，但是具体工资的升降波动一定是相当大的。在开始出现劳动短缺时提高的工资，当短缺解除时，一定会降下来，但并不是降至原先的水平，而是降至与在高峰时期达到的工资水平相比较低的水平。当然工资下降会受到抵制，人们会作出努力，并且会获得一些成果，使暂时的利益长期得到保持。

这些事确实会发生。然而,为了社会秩序的利益,它们不应发生得太频繁。所以,可为某种程度的社会普及作一定辩护。但是,对社会普及来说,或者对大范围扩大这一普及来说,有一个条件是必要的,即这个国家必须具有某种程度的社会统一性。大多数人应当认为,他们的伙伴和自己一样,至少也具有某些相同的权利。这一条件并不高,但就目前世界各国的情况来看,就连这一条件也不是普遍地得到实行的。并且,这一条件几乎到处都在受到威胁:它受到来自通货膨胀的威胁。通货膨胀给劳动市场带来太多的供给与需求,使一个集团与另一个集团对立,以拼命保卫他们认为是自己应得的利益。威胁还来自唯恐天下不乱的教唆者。对这些教唆者来说,这些分歧正是他们渔利的对象。

然而,上述这些还不是结论的先声。我宁愿根据个别国家的情况来看待整个世界。与个别国家相比,在世界经济中,几乎全无社会统一性的观念可言,我们在社会普及方面所看到的,只不过是国际团体的活动和作为援助给予的赠款。与任务的艰巨性相比,这些工作算不得什么。但是为什么不在经济普及方面多做一些工作呢?这正是我最后要谈的问题。

让我们按照上面列举的四个标题来考察这一问题。我们将发现在每一个标题下,都能找到部分的解释。当然,还可以采用别的标题来有益地说明问题。让我们看看这四个标题到底能使我们在说明这一问题方面达到什么程度。

那么,第一让我们考察技术。大家不难理解为什么重要的技术进展都是在先进国家取得的。因而,普及不得不来自先进国家。

由于先进国家的技术水平是产生技术进展的背景，所以，技术进展便偏向于这些国家的需要，而不是偏向于其他国家的需要。另外，如此之快的技术发展，以牺牲更进一步地利用旧的投资机会为代价，使储蓄被拨到开发新的投资机会上。然而，正是这些旧的机会（人们大概会这样想）才对“不发达世界”更有利。从这个观点来看，放慢技术进步的速度也许是有益的。

第二，规模经济。在这方面，先进国家更明显地占了上风。除非一国能够进行大规模生产，否则要大量节约成本是很困难的。但是，一个国家不可能一开始就具有很大的生产规模。虽然一个国家可以对某个“幼小工业”加以保护，但是，即使是整个这样保护起来的国内市场也常常不足以促进竞争。而且，受到保护的工业不能达到规模经济的例子，是多么普遍啊！尽管从理论上说，它应该有这个能力。假如将来工业能较少地依赖大规模经济，关税壁垒可能会减少。但是，到目前为止，关税壁垒也许仍在增加。

第三，土地。世界各国在自然资源的享有方面是很不平等的。有些国家享有可靠的降雨量，而另一些国家则不是这样。有些国家有矿藏，而另一些国家则没有。仅仅因为这个缘故，在工业主义以前的时代，这些国家之间便存在着很大的不平衡。又仅仅因为这个缘故，在非工业化的国家与轻度实现工业化的国家之间，仍然存在着很大的不平衡。有些国家因为它们的自然资源很丰富，已经成为富裕的国家。假如它们愿意，它们就能够工业化，虽然别的因素会妨碍它们这样做。而且，这些国家搞工业化与其说常常是由于经济原因，不如说是由于政治原因。没有力量实行工业化的是另一些享有较少自然资源的国家。[10]

第四谈谈劳动。这个问题的某些困难之处，就像我们在上面所谈到的那样，显然在于从单个国家的经济普及中产生的劳动紧张正更激烈地在世界范围内重演。我们已经知道，不受社会因素制约的经济力量会怎样几乎不可避免地引起特殊种类劳动的短缺，并使这些劳动的工资相对提高。然而时间一长，这些利益将受到威胁，并由于别的集团的竞争而开始受到侵蚀。我们已经知道，受到这种威胁的集团会设法来保护自己。他们会依靠工会的活动，和通过对本国政府施加各种压力来保护自己的利益。当我们把同一问题移到世界范围内来设想时，正是这些先进国家的劳动，作为一个整体来看，受到了威胁。虽然由于对潜在的竞争者设置了种种障碍（其中有些我们已经列举了），这种威胁并不是那么严重，但是，民族国家对这种威胁进行的抵制则要大得多。这是因为，虽然在一个民族中，来自一个集团的压力可能被来自另一个集团的压力所抵消，但是，一国政府，尽管它可以采用所拥有的一切办法，却不能抵抗它的全体人民所施加的压力。

我急于要指出的是，我并不认为这最后一条（我想，这不妨可被看作是新马克思主义的）是阻碍发展的主要原因。为要证明在有利的环境下，这种阻力是能够被克服的，人们只要指出日本的情况就可以了。我认为，我已经列举的别的原因（有一些，例如人口，在本文的前面已经提到了），是更为深刻的根源。这是我们决不能忘记的事之一，但也不过如此而已！

我觉得，我在这最后几段涉及的问题只是部分地属于经济学家研究的领域。虽然我努力从长期来观察问题，但我不可避免地在某种程度上受到我们时代的特殊问题的影响。罢工是以工人与雇主之间纯经济的对抗开始的。然而，当罢工被用来对付政府，来针对自己的政府，就像现在许多罢工那样时，它就具有不同的性质了。同样，当用罢工来对付其他国家的政府，以谋取可能是经济的，但也可能是政治的利益时，罢工的性质也就不同了。但是，这里并不是进一步考虑这些问题的场合。最后，我只想指出，是工业主义的发展，才使这些事成为可能的。

附　　注

* 本文是 1973 年 11 月在伦敦国际事务皇家研究所举办的“纪念史蒂文森讲演”上所作的演讲。原标题为《工业主义的未来》。随后于 1974 年 4 月载于该研究所的杂志《国际事务》上。这次重印经该所许可。

① S. 库兹涅茨：《现代经济增长：发现与想法》(1971 年诺贝尔奖获得者演讲)。1973 年 6 月《美国经济评论》重印。

② 《通论》(伦敦：麦克米伦公司，1936 年，第 307 页。参见中文版《就业利息和货币通论》，三联书店，1957 年，第 262 页)。

③ 《经济学杂志》(1936 年 6 月)，第 252 页。

④ 我在另一场合没有这么谨慎。我曾说：“整个近二百年来的工业革命不过是一种巨大的、长久的经济高涨，主要由人口的无可比拟的增长引起的。”(《价值与资本》，第 302 页。中文版第 290 页，商务印书馆，1962 年。)我从自己的著作中引证是由于手头的方便。但是，从许多别的作者在那时所写的著作中做类似的引证也是不难的。

⑤ 还有一种重要的稀缺，它终究是可以消除的，但它的消除需要很长的时间，以致势必给经济成长带来暂时的限制。这种稀缺很可能是解释经济波动的一个重要因素。根据历史经验，这种波动一直伴随着工业的增长。

⑥ 在我的《资本与时间：一个新奥国学派的理论》(牛津，克拉伦登印刷厂，1973 年)第十章中，有一个关于“冲动”这一概念的理论性考察。在我的诺贝尔奖获得者演说《经济增长的主要动力》一文中(上面的第一篇论文)，也曾作过这一考察(该文中的“冲动”概念与本文所用的更为接近)。

⑦ 例如，参见约翰斯顿与蒂姆布雷尔的《对议价工资决定理论的经验检验》(《曼彻斯特经济学与社会学研究学院》1973年6月)。这个问题在下面的第三篇论文里有进一步的讨论，特别是第104—106页。

⑧ R. V. 艾尔斯与 A. V. 尼斯:《静止经济的经济学与生态学的后果》(1971年《生态学与结构年评》)是一个特别著名的例子。

⑨ W. R. 杰文斯:《煤炭问题》(1865年)。

⑩ 参见我的《世界经济学论文集》(1969年)，第265—269页。

三、货币的经历与货币理论

我在另一本书[①]中谈道："货币理论与大多数经济理论相比较并不抽象。它不能避免与实际联系，这一点有时是别的经济理论所缺乏的。货币理论附属于货币史，就如经济理论并不总是附属于经济史一样。……大多数关于货币问题的最好的著作都是有的放矢的，……是由某些特定事件和某些作者自己所处时代的特殊经历引起的。"我以李嘉图与凯恩斯为例，李嘉图关心的是拿破仑战争后货币制度的重建问题，凯恩斯关心的是二十年代货币制度的重建这一类似的问题，以及后来三十年代的大萧条。

我可以把维克塞尔也算在内，他显然是根据十九世纪八十、九十年代的物价下跌提出他的货币理论的。那时，价格确曾下跌，这是清清楚楚的，虽然我们决不应忘记，在维克塞尔的时代，用来表明价格水平下跌的证据，与凯恩斯时的情况相比，是较不充分的。尽管维克塞尔的货币理论与他的相当推理性的"实际的"，或非货币的理论之间确实有联系，但他还是表明了他所考虑的实际问题正是这段相当长时期的物价下跌。[②]

因此，我们可以列举三位伟大的经济学家，他们关于货币的著作是有杰出意义的（或许代表着货币理论历史中的三个重大转折点）。他们每个人都是在发生于他们写作时代的客观问题的激发下，去发挥他们自己的观点的。他们都曾面对过新问题，每个时代引起的这些问题的经历都不同于任何以前的经历。确实，李嘉图面临的问题与凯恩斯（在二十年代）面临的问题都是战后重建的问题，但是两者毕竟是很不相同的。同样，维克塞尔遇到的问题与凯恩斯（在三十年代）遇到的问题都是大萧条问题，但这两者也是不同的，各提出不同的（理论）课题。因此，我所提到的各个理论上的转折点，都可以被看作是对新刺激的一种反应。

我们的时代具有新的经历、新的货币经历。这可能引起类似的刺激。在几乎所有的国家里，物价经过五十年代与六十年代的爬行上升后，从1970年起已更加猛烈地上涨了。我指的并不只是英国的（也许是病态的）情况。1975年年底英国的消费品物价指数已经在1970年的基础上翻了一番。一些较为“稳定”的国家也经历了大幅度的物价上涨。在德国，相应的物价上涨幅度是将近40%，美国将近50%，法国60%，日本80%。这样大幅度的上涨，在这些“稳定的”国家中，除了战争时期外，都是空前的。而且，物价的提高都伴随着高失业率，伴随着失业人数进一步增加的威胁（根据以往的大部分经历来衡量，这是令人难以置信的）。这是一种新现象，一种令人吃惊的新现象。

这竟是这样一种令人吃惊的新现象，以致人们可能会指望它引起某种刺激，就像李嘉图、维克塞尔和凯恩斯对之作出过反应的那种刺激一样。这种新现象自然引起了大量的讨论。但到目前为止，它还没有产生出新的理论。大多数参加讨论的学者，只是回到旧理论中去了（甚至凯恩斯的理论现在也是一种旧理论）。他们试图透过旧理论的有色眼镜来考察新经验。毫无疑问，旧理论中有许多有待人们学习的东西，但如果我们要最有效地利用这些旧理论，我们就必须只取其所长。

无可讳言，我在下面将构思一个新的理论。或许我能向这一新理论迈开一两步，但也仅此而已。在以下大部分论述中，我还将回到旧理论上来。但是，我将依据导致这些旧理论自身的历史经历来考察它们，并且把我自己的经历与这些历史经历相对照。这样做看来确实能得出若干可能是有启发性的论点。在本篇最后一节中，我将试图利用这些论点。

这些论点中的第一个是简单的，但其意义却是深远的。几乎在全世界、几乎在整个历史中，货币一直都是一种国民体制（或国家体制）；货币是偿付债务的手段，债务是由特定法律制度认可的，而法律制度又是从特定的国家政权中获得它们的权威的。按照这个观点，大多数关于货币问题的讨论就该与特定国家的货币联系起来了。这是不可避免的，过去始终是这样，今天也是这样。但是当我们考察那些我所列举的伟大的货币经济学家所写的著作时，我们发现，这些著作大都没有这个特点。

的确，李嘉图研究的主要是一国的货币，他主要关心的是英国的货币体系。但是，维克塞尔研究的问题（八十与九十年代的物价下跌）却是一个国际性问题。三十年代的大萧条同样是一个国际性问题，它与凯恩斯的《通论》有着类似的联系。因而他们每个人都是从世界范围的角度来思考问题。因此他们每个人都与货币学者们的一般倾向不同，甘愿用一个封闭型模式来研究问题。这个模式是封闭的，因为这个世界是隔绝的。

我们确实可以承认，他们用一个封闭型模式去研究问题还由于别的原因。在非货币理论的研究方面，经济学家们过去长期沿用一个习惯做法，即用一个封闭型模式来进行他们的大部分研究，剩下“国际贸易”供单独讨论。在某种程度上，这一做法仍得到沿用。这很可能说明了为什么这种封闭经济型模式结果是有成效的。封闭型模式不可能完全解决问题，但它是一个进行研究的好开端。即使在今天，这种研究方法可能还是适用的。

这种方法现在之所以还是适用的，不但是由于上述原因，而且还由于其他更现实的原因。像三十年代的大萧条和上个世纪八十、九十年代的物价下跌一样，七十年代的通货膨胀是一个世界性问题。通货膨胀对不同的国家有不同程度的影响，但大萧条和物价下跌也是这样。所以，也正因为这个原因，首先采用“封闭型经济”的研究方法去进行研究，可能是明智的。

当然，我们会发现，在今天的情况下，要这样做是更加困难了。在维克塞尔写作的时候，主要通货之间的汇率是相当稳定的。所以，他把货币看作国际货币（一种实际上的，尽管不是形式上的世界货币），是理所当然的。但在凯恩斯写作的时候，再把货币看作是国际货币，当然就不那么理所当然了。大萧条时期的汇率变动是大萧条的一个重要组成部分（不过要注意，至 1935 年，英镑与美元的汇率已几乎完全恢复到原先的平价，其他的通货也显得即将受到控制）。但是，无论三十年代的汇率如何“浮动”，大起大落的变化仍被看作是例外的情况。从原则上说，那时决无 1971 年以后我们所经历到的那种浮动。

因此，我们可以承认，如果我们现在不比从前所需要做的那样更加注意货币的“国有化”问题，我们就无法进行研究。但是这并不是说，从一个封闭经济着手的方法可能不再是有用的了。如同上面所强调的那样，我们的问题毕竟是一个世界性的问题。

因此，我计划在这篇文章的大部分篇幅中，仿效维克塞尔与凯恩斯的《通论》，对一个封闭经济下的货币理论进行探讨。然而，这种做法带来了另外一个问题。

我们需要追溯到维克塞尔以前，直到货币数量论的全盛时期。鉴于货币数量论的现代复兴，这样做是不可避免的。我们必须说明货币数量论的现代复兴是怎样形成的。我们必须从一个封闭经济下的货币数量论开始。在这个问题上，李嘉图对我们并没有多大帮助。虽然他确有一个货币“世界”价值理论，即用生产货币金属的实际成本来解释货币，但是，这是一种非常长期的理论，一种几乎令人难以置信的长期理论，长到没有意义了。李嘉图对货币思想所作的贡献，并不是在这方面。所以，我们还是回溯到李嘉图以前的理论那儿为好，即回溯到“古典”货币理论的源头——大卫·休谟的《货币论》(1752 年)那儿。

必须承认，休谟并不是古典货币理论的合适代表。激发他写作以上论文的时代背景，人们现在根本一无所知。[③] 不过，他确实想到了实际的问题和事例。就一个封闭体系内的硬币增加的情况而言(在这种情况下，简单数量理论的效应是极少被争论的)，他只有一个重要的例证。而且，尽管这一例证是他用来参考的历史书所着重叙述的，但它只是一个较早前发生的例证。这就是 1500 年到 1650 年之间，白银从美洲的西班牙殖民地流入欧洲一事，以及大体上与此相联系的物价上涨。[④] 在我们极简短地概述古典货币数量理论时，我们不用紧随休谟，也不用过多地去注意这个特殊的历史事例，而只需考虑到这种情况便是有益的了。

然而，从这个实例中，我们可以吸收到一点。在这种情况下，毫无疑问，货币供给是外生的。虽然我们有时找到了价格在刺激人们找寻贵金属方面所起的作用，但不会再像当年促使考梯斯和皮泽洛前往墨西哥和秘鲁那样出现（新的）特别短缺金银的现象了。就经济刺激而言，他们在任何时候都有可能去那些地方。因此，在这里，金银的输入，不管其影响如何，无疑是原因。

（一）古典数量论

数量论的最朴素的形式（即使在今天也没有完全过时），认为价格水平取决于货币数量。但是如果我们按照休谟所赋予的形式来看待古典数量论，它则不再是如此朴素了。休谟认识到，货币供给增加的最初的作用是刺激勤勉。“在它提高劳动价格以前，它必定首先刺激每个人的勤奋。”[5]因此，货币供给的增加，对产量的可能的影响，与对价格的影响一样，都必须被估计到。当两者一起被考虑时，那么，正是产量的总价值（我们将把它写作 PQ）必须被假定为取决于货币供给（M）。我们在这一节所要考虑的主要问题正是上述意义上的古典数量论（或者说，古典理论的上述部分）。

M 是一种存量，而 PQ 是一种流量。我们必须找到一座连接这两者的桥梁。假如我们只是引入 V——“速度”，那我们只是在推理上找到了这座桥梁。使 MV＝PQ，这只不过规定了一个比率。仅仅是规定并没有什么解释力。这样来规定一定意味着这个比率（V）在实际中是稳定的。但是它为什么是稳定的呢？在实际中发现的任何规律性本身，都是要加以阐明的。

通常有一个简单的模型，从中（按猜想）人们推论出“流通速度”本身。做这种推论的道理是明显的。然而，当人们更仔细地考察这个模型时，就会发现，它是一个相当特别的模型。但是，作为一个进行研究的起点，它对我们是有用的。

请考虑这样一个经济，这个经济用金属货币作为支付手段，但在其他方面，它在金融上是相当不发达的。不必假定完全没有借贷，但贷款是很难筹集到的。因而几乎每一个人，除非他能够动用他以前自己节省到的储蓄，否则在任何时候都被迫去限制自己的支出，使之不超过他的周期收入。如果他想把这些储蓄用于现期支出，那它们必须以货币形式来加以保存。因此，他能一会儿储蓄，一会儿动用储蓄。但是，除非他已经作了储蓄，否则他就无法动用储蓄。在这样一种经济中，可以预料会有一种储蓄的偏好，或者说有一种倾向于不花钱的偏好。这是因为，在不存在借贷便利的情况下，持有储备以应紧急之需的好处应该是很大的。不过，目前我们不得不暂且忽略这个问题（后面我再谈这个问题）。在这个模型中，全部从销售得到的货币都通过购买（在某一时间间隔之后）传递下去。我们假定这个时间间隔是一致的，这对我们的论述并无妨害。我们把这个时间间隔称作一个周期。

如果货币供给增加（通过开发一个新的供给来源，如像西班牙的情况那样），那么，按照这一模型，其作用是明显的。白银（我们不妨这样来称货币供给）首先进入它的生产者手里，接着或许落入国王手里，即向他交税。直到白银被花费以前，它没有进一步的作用。但是在一定的时间间隔以后，白银总是要被花费掉的，因而对非货币商品的需求（用货币额来表示）会随之增加。于是，这些商品的卖者会发现他们的收入增加了，因而他们也有更多的钱花了。随着这些商品的卖者花费自己的收益，销售量就会有第二级的扩张，接着便会产生新的收益。随着这些新收益的花费，第三级扩张又会产生。因此，如下表所示的那样，会有一个呈三角形的扩张。

我们从新白银最初出现的时刻开始，并且假定白银的产量从那时起是保持在一个稳定的比率上的，每个周期都是 m。因此，假如我们把货币收益的逐级接受者称为Ⅰ、Ⅱ、Ⅲ、Ⅳ……（各组之间无疑会有重叠），那么，由这些新货币产生的追加“收入”可列为下表。

第一栏用 0 表示，说明白银的产量。在周期 1 中，新白银头次被生产出来。这为它的生产者创造了收入，但这一收入还没有得到花费。在周期 2 中，人们用在第 1 周期中生产出的白银去购买组Ⅰ的产品（产品Ⅰ）。在周期 3 中，上面组Ⅰ得到的收益被用来购买组Ⅱ的产品，而组Ⅰ的产值则靠花费在第 2 周期中生产出的白银来维持，如此等等。

	0	Ⅰ	Ⅱ	Ⅲ	Ⅳ
1	m	-	-	-	-
2	m	m	-	-	-
3	m	m	m	-	-
4	m	m	m	m	-
5	m	m	m	m	m

可以看到，在第 5 周期中所创造的收入是 5m（1m 来自新白银的生产，4m 来自花费以前生产的白银）。如同 0 栏所表示的那

样，这正好等于从整个过程开始以来，所生产的新货币总数。但这并不是说，新货币刚好创造等于它自己的收入。我们从上表中得出这个结果，是因为我们是按流通周期来分析的。

假设一年中有 h 个流通周期。h 不必一定是个整数，但我们可以把小数点化为整数。第一年所创造的总收入应是$\frac{1}{2}mh^2$（根据三角形面积的公式）。$\frac{1}{2}mh$ 是至该年年中所生产的新货币。如果把它看作是代表全年的新货币存量，则我们有：

新产生的收入＝h×新货币的存量

因而流通速度等于 h；事实上也应该如此。

可以容易地证明，这个公式也适用于以后各年。第一年与第二年一起所产生的收入是$\frac{1}{2}m(2h)^2$，所以第二年产生的收入是$\frac{1}{2}m[(2h)^2-h^2]=\frac{3}{2}mh^2$。$\frac{3}{2}mh$ 是至第二年年中所生产的新货币量。所以，还是同一公式：

新产生的收入＝h×新货币的存量

以后各年都是如此。流通速度不变。

所有这些也许是十分显而易见的，但把它描述出来还是有益的。这一点只要把它与如舍弃上述基本假定而会发生的情况相对照，就可知道了。下一步我们假定（在仍然缺乏借贷的情况下），存在一个倾向于储蓄的偏好。也许还有某些支出是出自贮藏的，但是留有储备的好处如此之大，以致人们贮藏的多而取出的少。这种情况可以通过如下假定，根据推理来表述。假定并不是所获得的全部货币(在一定的时间间隔之后)都传递出去,而只有其中不超过比例 c 的部分被传递出去,其余部分则被储蓄起来;而且,除了通过保存货币的方法外,还没有别的方法来进行储蓄。于是在这种情况下,在第 5 个流通周期中,尽管货币存量的增加额和以前一样,仍是 5m,但产生的收入只有:

$$m(1+c+c^2+c^3+c^4)$$

这比 5m 少。就“流通速度”而言,随着越来越多的新货币消失于贮藏中,流通速度便不断递减。久而久之,货币存量继续无限增加,但新产生的收入则并没有无限增加。它总是小于一个固定的限度。⑥

因此,在货币体系中,有一个“漏损”。“货币狂们”经常怀疑有这种漏损存在。这本身是无可否认的。货币的使用确实为储蓄提供了机会,但它本身则并没有为花费储蓄提供机会。然而,正是金融不发达造成了这种“漏损”。一旦准许借贷,这种漏损就能很快地被抵消。

即使我们继续假定金属货币是唯一的支付手段,情况亦是如此。这是因为,现在,超过收入的支出不再是只能由自己过去的储蓄来提供了。支出现在有可能超过收入,差额部分可通过向别人借款得到。由于贷方在借出货币时接受的是借款人答应偿还的借据(这种借据不能在紧急情况下即刻用于支出,而贮藏的货币则能这样做),因此,他要求得到利息报酬,作为他放弃流动性的补偿(到底有多少流动性被放弃掉,这一方面取决于贷款条件,另一方面取决于贷款者能够拍卖他所拥有的借据的便利程度,也就是说,取决于资本市场的发达程度)。利息报酬确实是对储蓄的一种刺激，但是，如果借来的资金是打算闲置不用的话，借方就不会答应支付利息。[7]

所以，试考虑一下新货币在存在着上述机会的体系中的作用。新货币的生产者和那些生产供新货币购买的产品的生产者都可能发现，不仅他们的收入增加了，而且他们的信用也同时提高了。结果，他们将可能发现借钱较容易。至少他们当中的某些人要借钱，以致他们的支出与我们的第一个模式中的情况相比，要增加得更快。[8]所以，没有“漏损”，而是相反。

可是，正如支出少于收入的倾向意味着贮藏的积聚那样，花费超过收入的倾向意味着贮藏的减少。所以，该体系不可能无限期地停留在“过度扩张”的轨道上，而不感到某种重负。支持这种过度扩张所需要的资金一定会变得更难得到。作为这种情况的征候，利息率可能提高，但是资金的短缺不可能因为提高利息率而无限期地得到补救。资金短缺本身必然会给扩张设置一个限度。必定会有一个上限存在。

如果经济扩张得很迅猛，并且经济扩张与上限发生激烈的冲突，那么，就会有一场危机。危机的实质就是原先放出的贷款的流动性成了问题。因此，放款人会发现他们的资本减少了。所以，他们不仅不太愿意进一步提供贷款，而且他们会设法增加他们在资本中以货币形式保存的那部分资金，因而支出急剧减少。这时经济体制就会回复到我们前面所考虑过的“过度储蓄”的状态中去。

然而，经济衰退必然会遇到一个下限(a floor)吗？在讨论经济波动时，通常的情况是，要说明下限的必然性比要说明上限的必然性难。然而，试考虑一种极端的情况，一种十分极端的情况。在这种情况中，原先在繁荣时期借出的全部贷款都突然没有价值了。但是，即使在这种情况下，金属货币的供应仍会继续下去（暂时保持不变）。再者，如我们假定所有的货币都掌握在想要贮藏的人手里，这也是荒谬的。因此，即使在这种情况下，虽然支出的水平降低了，但仍会有支出。在不大十分极端的情况下，在还有许多经济活动没有分享到繁荣的好处、经济衰退的冲击较不猛烈时，下限也许不会那么低。新的借款人与新的贷款人可能随之出现。所以，在一段时间之后，复苏就会到来。[⑨]

我认为，到目前为止，至少有两条理由说明描绘这个“周期”是值得的。一方面，它表明在一种没有银行货币，也没有别的纸币（如我们仍然假定的那样）的经济中，波动（货币波动）仍然有可能发生。发生这种波动的条件是资本市场的存在，而不是银行的存在。另一条理由是，我这样做能使货币数量论面貌一新。在上述这样的经济里，可能发生的经济波动是一种围绕着均衡轨道(equilibrium path)的波动，就像图1所表示的那样。沿着这条均衡轨道，既没有过度储蓄，也没有过度的入不敷出。新产生的收入与货币供给保持着比例。作这样的设想并不过分。因为沿着这条

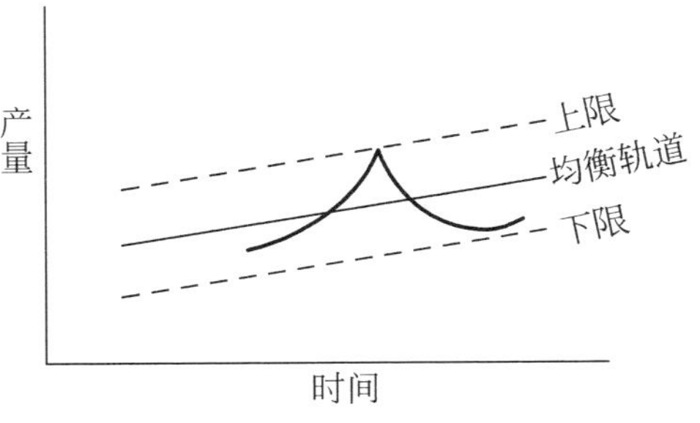

图 1

轨道，人们既没有贮藏，也没有动用贮藏，货币只是按照正常的方式流通着。然而，这一经济并不一定要紧随这条轨道，而只是偏离这条轨道的程度可能是有限的。[10]

很可能，只要保留有关金属货币的假定，即设金属货币是唯一的支付手段，那么，可能发生的偏离均衡轨道的程度必定是有限的。但这是一个难于检验的问题，因为资本市场与银行的出现，这两者在历史上是同时发生的，或必须是同时发生的。随着借贷关系的推广，有关金属货币的假定便难于成立。如果严格接受这个假定，那就意味着所有的交易都是“现货”交易——货币传给一方，商品（或劳务）传给另一方，两者同时发生。即使在金融机构发展的低级阶段，这一假定也几乎不可能毫无例外地成立。支出超过收入的一种最古老的方法，便是靠开借据来支付。如果商品现在已经交付出去，而价款以后才付，这样，我们是不是说，在商品价款被支付以前，商品还没有被卖出去呢？日常情况并非如此。可是，如果我们不这样来看待的话，那么，我们必须承认，借据已经成为（即使只是暂时地成为）一种货币了。

随着银行的出现，这种借据就变得更加正规了，这样就在金属货币的基础上建立起了一个货币代用品的金字塔。这些货币代用品逐步变得更加稳定可靠。直到最后，转让银行的支付字据被看作是交易账目的清结。去深入研究这些细节，例如对钞票与存款进行区分，是不必要的。我们可以直接去研究一个发达的银行体系，例如像存在于（大约）十九世纪末期的那种体系。在这一体系内，人们所普遍使用的，主要仍然是金属货币（现在实际上已是黄金），尽管银行信用的巨大上层建筑已经在金属货币的基础上建立起来了。

下面,像我们已经强调的那样,我们计划考察国际货币体系,即现在的正规的金本位制。目前,这种国际货币体系可通过一个由一组国家组成的模式来表现。每个国家都有自己的银行组织,发行国家银行货币。然而,这些国家的通货仍可按大致固定的平价兑换成货币金属。实际上,总会有一些国家处于这个体系之外,但是在这个模式中可以忽略不计例外情况。

最重要的是,这种体系可以从两个(或许甚至是三个)相当不同的角度来加以考察。和我们在上面详细阐述的方法最接近的一种方法是坚持只把黄金基础看作为正式的货币,而把其余的只看作为货币代用品。这些代用品使得黄金基础能够支撑一个更大的产值,就像贷款在我们以上考虑过的模式中所起的作用一样。假如人们准备这样来看待金本位,那么,货币数量论,按它在这里被采用的形式而言,并不需要作重大的修改。仍然会有一条均衡轨道,沿着这条轨道,产出的价值将由黄金的供给来决定,就如在我们前述的例子中,它是由白银的供给来决定的那样。

如已经说明的那样,经济波动的可能性确实存在。有时可供利用的黄金得到充分利用,有时则远没有得到充分利用。如果除这一因素外没有其他因素,那么经济波动的可能性似乎将会很大。如果产值上升到它的均衡轨道以上,黄金的供给就确实会处于紧张状态。尤其是银行家,他们最后发现自己的业务范围过大。因此,如以前所指出的那样,会有一个上限。而且,因大致相同的原因,会存在一个下限,这点也是可以理解的。以这种方式产生的周期,与实际的记录是相当一致的。这些周期会带来价格波动,但是，黄金基础的独立性将使价格波动保持在一定限度之内（虽然这种限度也许是宽阔的）。所以，价格波动常常被当作是围绕正常水平的波动。在萧条时期，人们感到价格低了，在繁荣时期，价格高了，而正常的价格水平本身则只是随着生产力的变化（从而也就是随着商品供给的变化）和黄金供给（亦即来自矿藏的供给量）的变化而相当慢地变化。

就金本位时期而论，上述分析与实际情况没有什么出入。如我们预料到的那样，现实中存在着波动。另外，更长期的趋势（这些趋势是可被观察到的）似乎同样可以通过上述分析得到解释。如果 1875 年至 1895 年之间的物价趋向于下跌，这正是我们按照上述观点应该预料到的。生产率提高得相当快，但黄金的产量则停滞不前。价格趋势的变化，在 19 世纪九十年代中期开始能被观察到，而在 1900 年以后便是清楚明白的了。这一变化是与来自南非黄金产地兰德的新生产出的黄金量相符合的。所以，到目前为止，没有理由一定要抛弃货币数量论——如果这一理论是按我们所认为的那样加以限制的话。

然而，我们早就可以对上述限制是否充分这一点提出疑问了。黄金在某些重要的“成员”国家中，已经从私人流通中消失了。它正在变成一种特殊的货币。银行间相互用它来清结账目，但在银行体系以外则用得很少。所以，我们满可以说，现在是把银行货币看作为正式的货币的时候了。如果要坚持货币数量论，那么，它所适用的正是银行货币的数量。这是人们非常普遍地采取的一个步骤（现代货币主义者现在仍是这样认为）。不过，它是重要的一步，关系重大的一步。

如我们已经谈到的那样，毫无疑问，当货币是金属货币时，它的供给可以被看作是一个外生变量，至少重大的供给变化是来自经济外部的。但是，银行货币的供给却不那么明显地是外生的了。它确实可能受到银行政策变化的影响，但是，在特定的政策条件下(这类政策或多或少地由贷款的一定利息率来体现)，银行货币的供给则由市场决定。只是在市场需求的限度内，货币供给才是由银行规定的。所以，货币供给不是一个外生变量。当然，就银行体系按一定法规开展业务活动来说，这一点可能会被掩盖过去。这些法规是制订给银行的，它们使银行货币的供给与其外来基础(在金本位时期即是黄金的供给量)之间保持某种形式的联系。如果这些法规是绝对严格的话，那么银行货币的供给便是黄金供给的函数，并且仅仅是它的函数而已。所以，银行货币的供给也可以被看作是一个外生变量。这就是在这些新条件下，货币数量论所必须包含的意义。实际上，人们能从这个时期的教科书中看到这类解释在起作用。这些教科书把关于货币体系活动的那么多要说的内容统统化为这些规章制度。[11] 然而，即使是在那时，人们也会提出疑问，这些法规是否真像所声称的那样严格？在某一个特定国家中，这些法规也许是相当严格的。但是，当把国际货币体系作为一个整体来看时，这些法规肯定是非常不严格的。

假若人们愿意这样强调规章制度，但又坚持银行货币是正式的货币，那么，我们应把银行政策，而不应把货币的供给看作是外生变量(的确，我们可以说，黄金供给也会影响银行政策，但是这一关系，现在不在这个模式中加以考虑)。所以，我们想到维克塞尔。他是第一位试图建立这种新型理论的经济学家。

正如我已经表明的那样，我并不完全相信维克塞尔的方法在他自己的时代(《利息与价格》1898 年版)是必要的。用这种或那种形式的货币数量论也许能照样达到目的。我宁愿让这个问题留待以后去争论。但是毫无疑问，维克塞尔是有远见的。当时货币体系即将经历一场革命，这场革命将使货币体系朝着维克塞尔所看到的方向进一步发展。这就是为什么他的理论如此重要的原因。

(二) 维克塞尔

虽然在实际应用中，维克塞尔给他的模式加了限制条件，但这个模式最好被看作是一个纯信用模式，其中根本不存在非信用的货币。所有的货币都是某人保证支付的字据。但支付的是什么呢？假如这种字据将不是无兑换价值的(如印在英镑钞票上的字据已成为无兑换价值的那样)，但又没有硬币可以用来支付，那么，所有这种字据能保证的，只不过是一种字据和另一种字据之间的可兑换性而已。另一种字据是债权人这时可能选择的字据。

必须假定，不同商号的字据有不同程度的可靠性。这些字据的可靠性相互间很可能时时发生相对的变化，但总会有一些字据暂时具有最大的可靠性。假如只有一家商号，它的字据的可靠性总是比任何别的字据的可靠性大，那么，这家商号的支付字据可能真的是没有兑换价值的。这在国民经济的活动中确实是一个重要的事实。在那里，通过政府立法，一个特定机构(如中央银行)的债务可被定为法偿币。在国际经济中(我们现在的讨论涉及国际经济;同时,我们对维克塞尔理论的解释,也涉及国际经济),由于不存在法偿币,所以也就无所谓这种特定机构。然而,这里有另一种解决问题的方法。

我们可以假定,有一组机构,其中每个机构开出的支付字据都具有最大的可靠性,或通常具有最大的可靠性。每个机构的支付字据都保证在需要时,能换成别的机构发行的字据。A 说:“我的字据像 B 的字据一样可靠。但是如果你不喜欢我的字据,我将为你准备 B 的字据。”一组保持这种关系的机构,可以被看作是在发行一种纯信用货币。我们应当把这组发行这种货币的机构看作是银行体系。

构成银行体制的个别银行之间互相竞争。他们贷出去的资金(绝大部分)是他们自己借来的,并且既然扩大业务是各个银行的利益所在,所以,各个银行(经慎重考虑后)都企图多借进一些,以便有更多的钱贷出。各个银行都设法吸取资金,因而它们必须(至少在原则上必须如此)为存款支付利息,亦即为它们借进的资金支付利息。这一点(我们将看到)并不总是很清楚的。然而,它似乎是纯信用模式的一个本质特征。

银行的贷款利率一定要超过它的借款利率,否则银行就不可能弥补它的管理成本,也不能赚取利润。但是,在竞争制度下,这个差额应当是相当小的。其结果之一是,我们到目前为止一直作的一个假定不再成立了。只要我们是讨论金属货币体制,并在这种体制中,货币不生息的话,那么,我们便能假定,除为了用来花费外,人们不大可能借钱。但是,现在情况则不同了。这是因为,向银行体制借款,然后再把钱存进银行体制,这样做,现在仅仅牵涉到微小的利息损失了(它正好等于银行借款利率与它的贷款利率之间的差额)。每当需要资金时,人们便能取回存款,这样得到的额外流通性也许满值得上面那一并不昂贵的代价。

上述这些正是使货币数量论不适用于纯信用经济的最重要的原因。货币数量现在指的一定是银行货币的数量。但是,银行货币的数量中有相当大的一部分现在基本上是闲置的。因而,货币总量可能会发生相当大的变化,而其中未闲置不用的部分则基本上没有变化。货币总量与货币总量中流通的那一部分之间的联系实际上被切断了。

银行体系的借贷利率间差额的增大,确实会缩减对闲置货币的需求。但它不一定会对用来花费的货币的需求发生影响。如果贷款利率提高,而存款利率没有提高,那么,其后果很可能只是减少对闲置货币的需求。但是,如果这两种利率都提高,因而它们之间的差额不变,那么,这对支出就会起更加确定的作用。这是因为,不仅贷款利率的提高阻拦了人们从银行体系借款,而且,由于存款利率的提高,原先为流通性而借的资金,其花费的机会成本也增加了。因此,由于这两个原因,花费的动机减弱了。

所以,当人们建立一个简单的纯信用体系模式时,适当的做法是忽略贷款利率与存款利率之间的差额,而让一个单一的利息率来代表这两种利率。正是这种单一的利率,而不是任何意义上的货币数量,成了货币制度的实际调节者。

我认为,维克塞尔实际上所做的就是以上这些。他以一带规律性的、已被人相当广泛地接受了的原理为出发点。按照这一原理,利率下降会起扩张的作用,相反,利率提高则起收缩作用。凡是观察过“银行利率”(或其他与此相同的东西)对市场起作用的人,都不怀疑就利率的直接作用而言,上述原理是正确的。但是,人们对利率的长期作用抱有怀疑。其根据一方面是由于较高的利率会提高成本,从而最终一定会提高物价。但是,更重要的还是,根据历史的经验,物价上升时,利率通常是高的,而物价下跌时,利率通常是低的。然而,要说明怎样可能在与上述带规律性原理的长期有效性相一致的情况下,产生这样一个自相矛盾的现象,这并不困难。上述原理只需有如下的含义就够了,即假定其他情况不变,当利息率较低时,扩张要比利息率较高时大(或收缩要小)。所以,整个“周期”内被观察到的利率变动,只不过显示了银行体系作为大体上的稳定者所作出的反应。物价下跌减少了对贷款的需求,使这一需求变得小于银行体系愿意提供的数量。这样,利息率的下降便是正常的反应。关于周期问题,要说的就是上面这些。[12]

可是,维克塞尔谈到的要远比上述内容多。这是因为,正如他自己所充分讲清楚的那样,[13]他想要说明的问题,正是他写作以前长达二十年的物价下跌,而不是为期远为短暂的周期性波动。靠修改周期理论好像并不能说明价格的长期下跌。在不景气的时候,物价下跌会阻碍投资,这是可以理解的。同样,即使是在不断放松银根的情况下,人们的心情也需经过一段时间后才能改变,这也是可以理解的。但是人们怎样根据这些线索去解释长期的物价下跌呢?二十年的时间是很长的一段时间。

然而,人们可以回到作为讨论出发点的那个原理上来。究竟为什么假定在利息较低时,投资更有利呢?这一定是一个所负担的利息与预期收益之间的比较问题。预期收益问题在一定程度上是现在的价格与将来的价格之间的关系问题。借来的货币总是按照现在的价格来支出。而生产出的产品则按照预期,是以将来的价格出卖的。不难理解,在物价下跌时,现在的价格与将来的价格之间的关系会比物价稳定时显得较为不利。不过,这个问题已经被考虑到了。可是,预期收益的问题也是投资的实际收益问题,即用实物商品表示的投入要素的生产率问题,而借来的货币就是用于购买这些投入要素的。维克塞尔的独特贡献就在于,在他下一阶段的研究中(即在他作出以信用经济为研究对象这一至关重要的决定后),他强调了投资的实际收益的重要性。他把这种实际收益叫做自然利息率。

关于自然利息率一事,存在着许多问题。其中有些问题,我们到后面再考虑。可是如果我们从一开始就理解维克塞尔是怎样想到他能应用这个概念的,那么,我们就能更具体、更有效地考虑这些问题。有理由设想,在维克塞尔注意到的那些年代中,投资的实际收益要比以前四分之一世纪低许多。铁路建设的最好机会的断绝很可能在这方面起了作用。[14]对维克塞尔来说,这大概意味着自然利息率的下降。要解释物价下跌——物价下跌的趋势,所需要做的只是假定银行体系不能作出充分的反应。银行体系确实让利息率下降了,但它只是在一定时间间隔之后才这样做的。关于这一点,有上述这些解释就够了。

这样,我们就接触到了中心学说。它仍然是维克塞尔的学说。如果流行的(或市场的)利息率低于自然利息率,物价就会提高;如果流行的利息率高于自然利息率,物价就会下跌。只要这种差异存在下去,物价的涨跌就会无限地继续下去,或像维克塞尔经常所说的那样，会“累积地”继续下去。显然，根据上面所说的，维克塞尔所考虑的自然利率是一种实际利率。可是，必须用商品，或用若干组商品来表示的实际利率，怎么可能与用货币来表示的市场利息率相比较呢？

要解决这个问题，有几种方法。其中有凯恩斯的方法。按照这一方法，我们可以说，必须与市场利息率相比较的，不是维克塞尔的实际利率，而是资本边际效率。资本边际效率本身也是一种货币比例，它不仅受维克塞尔所说的实际因素影响，而且还受价格预期的影响。更一般地说，它还受企业家的心理状态的影响。这一点我们在下面还将谈到。然而，虽然我们从维克塞尔的理论中能很容易找到与上述分析相似的成分，但我确信，它并不是维克塞尔的中心学说所包含的内容。另外，像维克塞尔的后继者那样来做也是不对的。[15]他们一再把维克塞尔的模式变换成一个在时间系列中保持均衡的很复杂的模式。按照这一模式现期投资由预期来决定，并且均衡是这样一种状态，在这一状态中，预期不会落空。所有这些都是从维克塞尔的模式中引申出来的东西。但是，当我们根据维克塞尔亲身面临的问题，即他的亲身经历来考察时，我们肯定会把他的模式解释得较为简单中肯。

试从下列可被维克塞尔称为均衡状态的情况开始。在这种情况下，物价是稳定的，而且人们坚信物价将保持不变。因此，毫无疑问，可以把实际收益率解释成一种货币收益率。这样，把这种货币收益率与市场流行的利息率之间的相等看作是一种均衡状态，便是合理的了。如果现在把市场利息率降低到自然利息率之下，则银行的贷款会扩大，而且物价（开头只是某些物价）将开始上涨。

但是，只要人们把物价上涨看作是一种暂时现象，那么，与预期的今后价格的不变相对的暂时的高价将阻碍借款。因而，一种“假自然率”(我们可以这样来叫它)便会出现。这种假自然率将低于真自然率。在这种假自然率与市场流行的利率之间不一定有差异。但是，如果市场利率继续停留在其较低的水平上，而自然率却继续停留在其不变的水平上，那么，上述情况不可能持续下去。时间一长，对价格的预期就会被修正提高，因而假自然率也会被修正提高。如果假自然率仅仅回到与真自然率相等的水平上，那么最初的差异将重新出现，并且价格会再次提高。上述情况可能会一再发生——这就是维克塞尔的“累积过程”。

然而，上述分析也许仍太“预期化”了，太依赖于现期价格与预期的将来流行的价格之间的差别了。新一代的经济学家也许会觉得这样来解释较为方便，但把这一解释归功于维克塞尔是与他的时代不符合的。他本人特别注意利息变化对资本品价格的影响。因此，资本品价格与消费品价格之间的失衡看来更像是他的答案。

按照这一思路，市场利息率下降的第一个作用便是增加对资本品(作为投入)的需求。肯定会有一些资本，其供给不能立即作出反应(假如它真的能作出反应的话[16])。所以，至少某些资本品的价格肯定会提高。这种价格提高会带来意外的收益，其中一部分早晚会被花掉，因而对消费品的需求迟早也会增加，但不是立即增加。因此，会存在一段间隔时期，这时，投入要素的价格已经提高，但产出的价格还没有提高。在这一间隔时期内，投资的货币收益会按投入价格的提高而相应减少。所以，这里也有一个假自然率，它被降到真自然率以下，并从而和市场流行的利率暂时恢复均衡。不过，时间一长，对消费品的需求一定会提高，从而它们的价格也一定会提高。因此，像上述另一种解释所指出的那样，假自然率将回升到真自然率的水平上，而且“累积性”的扩张会继续下去。

人们可以沿着另一条途径来作相同的论证。在这里，让我们假定现在下跌的是自然率（即特定利率下的有利的投资机会减少了），而市场上流行的利率并不下跌。这时，资本品的价格会下降，从而使投资（暂时地）保持其明显的盈利能力。但是，资本品价格下降会引起意外的损失。这种意外的损失接着会对消费品需求起作用，结果会削减消费品的价格。所以在这里，“累积过程”又会继续下去。

我并不认为，维克塞尔对他的“间隔时期”，或“失衡时期”内的经济活动有任何很清晰的认识。他显然没有考虑到对就业的影响，而对这个问题，凯恩斯后来却花了那么多的心血。但是，失衡阶段在他的“累积过程”概念中所起的作用在我看来是无可非议的。否则，人们怎样去解释他的周期理论与长期货币理论之间的明显区别呢？他时常强调货币理论是他主要关心的问题。在他对周期进行分析的那几页中（《讲义》第二卷的结尾部分），他描述了存货的非自愿变化的情况——这显然是失衡状态。他强调说，在周期内，自然利息率是非常不稳定的，它易受“反复无常的冲击”（如弗瑞希[17]后来所叫的那样），每次冲击的作用还未来得及发挥，另一冲击便接踵而来。但是，这些短期波动是与长期趋势无关的，而维克塞尔所讨论的主要是长期趋势的问题，这样一种趋势在七十年代与维克塞尔写作年代之间，表现为长期的物价下跌。[18]

不过，关于这种长期趋势，还存在一个问题。一旦人们把一组价格变动与另一组价格变动加以区分(不管是按资本品与消费品价格划界限,还是按别的什么),人们就会立即面临这样一个问题:哪一种价格的稳定性应被看作是与“均衡”一致的呢?在维克塞尔所考虑的那二十年中,生产率提高了,并且提高得相当快,因而产品的劳动成本也下降得相当快。这难道不说明价格,特别是消费品价格,需呈一个长期下降的趋势吗?的确,人们可以设想这样一种均衡状态,在这种均衡状态中,只要货币工资在提高,消费品价格总的来说就会保持稳定。但是,这样一种均衡状态是否比货币工资得到稳定,而消费品价格(适当地)下降这一情况下的均衡状态更为均衡呢?人们怎样在这两种抉择之间作出区别,或在这两种抉择间可能构思出的种种明显的折中方案之间作出区别,以便将其中的一种称为均衡状态呢?维克塞尔的模式似乎没有提供任何能使人们作出这种区别的方法。[19]

但是,必须强调指出,尽管碰到了这种模棱两可的问题,维克塞尔的中心学说还是不变。现在不再存在一个单一的自然率,而是存在着适合各种均衡状态的不同的自然率。从均衡A的观点来看,均衡B的自然率是一种假自然率。这种假自然率估及价格的变动。如果均衡B与均衡A相比,其价格提高得较快,或下降得较慢,那么均衡B的自然率一定提高。但是,一个背离均衡A而转到价格的更快提高的运动是由市场利息率的下降引起的。所以从均衡A的观点来看是失衡的东西,从均衡B的观点来看则是更严重的失衡。虽然现在我们必须承认均衡B是可能的,但是,倾向于造成B价格变动的利息变动阻碍着均衡B的建立。

学说没有变化,但其意义确实发生了变化。在维克塞尔模式中没有把这两种均衡加以区分的方法。所以，如果我们要区分它们（事实上，我们确实必须区分它们），如果我们对通货膨胀与通货紧缩等基本货币问题有兴趣，那么，我们就必须从模式外引进别的什么。维克塞尔本人竟好像没有看到这一点，但是，米尔达尔却在他的最重要的后于维克塞尔的著作中认识到了这点[20]。他觉察到在模式世界里，当所有的价格都同样可变时，没有可用来作出区分的方法。但是，在现实世界里，当某些价格（例如工资）与其他价格相比，其柔性较差，或较不易起反应时，这种方法可能就存在了。在那些价格不能迅速顺利地使供给与需求相等的市场里，如果一种均衡对柔性较差的价格施加较少的压力，从而使经济能背上较少的供给或需求的过剩来运行，那么，这种均衡便可被看作是比其他均衡较好的均衡。米尔达尔认为，在他写作的时候（1933），上述观点有助于使人们赞同这样一种均衡，在这一均衡中，货币工资很少随生产率的提高而变动，而被假定具有柔性的消费品价格则下降。但是，很清楚，在其他情况下，这同一原则可能趋向于不同的方向。

这是因为，我们从米尔达尔著作中看到的对维克塞尔理论的概括工作急待继续下去。我们将选取某一特定的均衡（即从许多现已知道是可能的维克塞尔的均衡中选取其中之一），并把它看作是独一无二的均衡，是与所有其他均衡相比较，我们宁愿选择的一个均衡。但是我们只能根据非货币性质的考虑来作这种选择。这一均衡可能仅仅是经济在体制结构方面最容易依循的一个进程。它可能是这样一种进程，在这种进程中，价格（即由某种特定的价格指数来表示的价格）或者不变，或者下降，或者提高。仅仅考虑到货币因素不会告诉我们三种可能性哪一种是对的。

然而，这样一种均衡仍然是维克塞尔意义上的均衡。这种均衡能被某种与它不适合的货币政策扰乱。如果利息率太低，以致与这一均衡不适合，那么价格将上涨，但这只是相对于当经济保持在均衡轨道上时，价格所依循的进程而言。如果利息率太高，价格将下跌，不过这只是相对而言。如果这种不适合的情况继续保持下去，那么对均衡的偏离就会扩大。这正与维克塞尔所说的一样，尽管看起来是那么不同。

可是，假定偏好起了变化（或其他外部因素起了变化），人们便会发现，至今一直依循的进程（这也是经济与其货币政策或多或少所适应的进程）是不能忍受的，或是站不住脚的。于是，必须改变进程。同时让我们假定，这种方向性的变化将由货币政策来实现。从旧的均衡的观点来看，货币政策的任何变化都是失衡性的。但是，人们必须找到一条能使这种失衡进入新的均衡的途径。单独通过货币政策能做到这一点吗？根据上述分析，这好像不大可能。为要实现新均衡，当然需要确定一个与新均衡相适应的利息率。但是，这一利息率却绝没有可能在新均衡实现前确定。单靠货币政策看来不可能使经济达到新均衡。

这些问题看来并不像是维克塞尔时代的问题，倒更像是本世纪七十年代的问题。但是，如大家已看到的那样，维克塞尔是非常有远见的。

（三）凯恩斯

正如凯恩斯自己所认识到的那样，比起与其他任何模式的关系来，他的模式更接近于维克塞尔的模式。因此，按照现在讨论的顺序，我们先考虑凯恩斯与维克塞尔之间的本质区别究竟是什么这一问题。这样来开始我们关于凯恩斯的讨论是比较合适的。有些(最明显的)差别，我们可以把它们归结于凯恩斯处理宏观经济总量的技巧。这些总量在他那个时候，已开始由统计学家们来整理。所以，比起维克塞尔来，凯恩斯有多得多的总量可以利用。然而，我们可以把这类差别放在一边不管。此外，还有一些更为重要的差别。当我们根据凯恩斯在写作时所处的背景来对它们进行观察时，它们是会得到阐明的。

维克塞尔的理论是一种关于物价、利息与货币的理论[21]，而凯恩斯的理论(像他自己所说的那样)是关于就业、利息与货币的理论。这一对比并不像凯恩斯主义者所想象的那样，意味着维克塞尔不关心劳动的就业问题。如果维克塞尔不认为物价下跌会损害工业活动，从而损害就业，那他为什么要关心物价下跌呢？他对工业活动**是**关心的，虽然他关心的方式与凯恩斯不同。

如我们所看到的那样，维克塞尔对长期趋势与短周期作了明确的区分。在凯恩斯那里，这一区分不见了。这就是为什么他在《通论》中抛弃了他本来在《货币论》中表示赞同的维克塞尔的**自然利息率**[22]的原因。他之所以这样做，是因为他想抛弃维克塞尔的长期均衡。这种均衡给围绕其自身的周期波动留有余地。这种波动有时使就业减少到低于均衡的水平，有时使就业增加到高于均衡的水平。在维克塞尔的均衡中，存在着“正常就业”。但是，凯恩斯对“正常就业”是不感兴趣的。他所处的时代是大萧条时代，当时似乎没有什么东西处于正常状态。即使在20年代情况亦是如此。充分就业，即靠扩大有效需求而可能达到的最大限度的就业，以及由此而来的产出的货币价值的增加[23]，似乎是所剩下的唯一的衡量标准。

这一实质性的变动带来了其他一些变动。由于长期均衡消失了，这就为短期经济学（实际上是马歇尔意义上的短期）的研究扫清了道路。为刺激需求而采取的措施通常不会立即生效，但它们终将在一段有限时间内影响就业。这段时间是很长的，它应被推延到（至少根据这个模式所要求的那样）所必须推延到的限度。所以，凯恩斯的**均衡**与维克塞尔的均衡完全不同，它只是这样一种状态，在这一状态里，上述短期力量有时间去发挥自己的作用。

凯恩斯还不得不把有效需求（这当然是用货币来计量的）与劳动就业（它不是用货币来计量的）联系起来。不过我们将留待后面讨论这个问题。现在，我们最好是从货币有效需求理论着手。在这方面，我们可以把凯恩斯的看法与维克塞尔的看法，以及古典学派的看法相对照。这样来考虑凯恩斯的看法，也许将是有益的。现在，我们将不会再因发现这些差别都取决于正被假定的那种货币体制的形式，而感到惊奇。

我们已经知道，在所有的货币都是硬币，而且其金融体系是不发达的、最简单的货币体制形式中，没有什么不能用交换方程式 MV＝PQ 来解释的东西。M（货币数量）显然是外生的。V 可以被解释为流通速度，由习惯与制度决定。V 还可以被看作是该模式的一个数据。PQ 的变化完全能一方面根据 M 的变化，另一方面根据 V 的变化（考虑到迟延）来说明。

我们也知道,纯信用体制是可以设想的。对这种体制,交换方程式不但没给予答案,而且它什么也没有告诉我们。所以,在这种极端的情况下,人们想到了维克塞尔的理论。在他的理论中,利率起决定的作用,而货币数量则被弃而不用。

在凯恩斯的模式中,有一个发达的金融体系,所以,比起与别的模式的关系来说,这个模式应该更接近于维克塞尔的模式。然而,他却把货币供给看作是外生的(这里说的货币,显然应被看作是银行货币)。他是怎样把货币供给看作是外生的呢?在凯恩斯的模式与维克塞尔的模式之间,到底是什么差别使他们在这个决定性论点上走上了不同的道路呢?

按照凯恩斯的模式,货币不产生利息。他总是不断地强调这个问题。在同一张资产负债表中,人们同时持有生息的资产与不生息的货币,这一点被看成是一件必须加以说明的大事。我们在讨论维克塞尔的时候看到,对存款提供利息是由**竞争性**银行体系的本质决定的。凯恩斯的银行体系则不是这样的,因此,必须把它看作是非竞争性的银行体系。确实,非竞争性可能采取各种各样的形式。例如,也许整个银行体系是非竞争性的(人们想到"卡特尔";在凯恩斯写作的时候,它好像在英国的票据交换银行之间经营业务),或者,也许只是中央银行充当了一个垄断者。人们可以看出,按凯恩斯概括问题的高度来把这些现象综合在一起考虑,是合乎需要的。我认为这就是凯恩斯实际上所做的事。

为了对这些现象加以概括,我们需要有一些术语。让我们把金融体系(不仅是银行体系)看作是由两部分组成的。用地球物理学打比方,有一个"地核",它是垄断的,其余的是竞争性的,我把它叫做“地幔”。那么，地核可能是一家中央银行，而银行体系的其余部分则处于地幔中。或者，我们可以认为这个地核是绵延不断的，剩下只有这种或那种意义上的资本市场被留在地幔中。或者，有时为了应用上的方便，我们可以在中间某处划一条界线。

按照凯恩斯自己提出的理论来看，他的地核似乎很大。因为除资本市场以外，好像没有其他东西被留在地幔中。并且，这种资本市场变成了长期债券市场。结果，所有能看到的东西只有货币供给（地核的负债）与由地幔决定的单一利息率。流动偏好是它们之间的桥梁。

通过用这些术语表达后，凯恩斯的模式便显得很特别了。的确，它是很特别的。但是，如果对它作更为广义的解释，那么，它的基本特征是可以保留的。除“地核”、“地幔”外，我们对经济的其余部分也应有个名字。虽然这一部分包括家庭住户和政府，但我还是把它叫做工业。[24]假定地核并不直接贷款给工业（显然，在这方面，这个地核更像是一个中央银行，而不大像整个银行体系）。那么，地核的负债是货币，而其资产是金融债券。后者是地幔的负债。当然，地幔本身是由许多实体或商号组成的，它们相互间会有债务往来。但是，地幔的净负债，从整体看，一定是由金融债券构成的。这些债务包括欠地核的金融债券，连同欠工业的任何其他金融债券。地幔的净资产是工业债券与货币。至于工业，它的净负债（在一个封闭体系内）是这些工业（欠地幔的）债券。工业的净资产是由实际资本，加上各种金融债券，（即地幔所欠的债务）以及工业所持有的货币构成的。列成表格如下：

	负债	资产
地　核	货币(M+m)	金融债券(F)
地　幔	金融债券(F+f)	工业债券(I)+货币(m)
工　业	工业债券 I	实际资金(R)+金融债券(f)+货币(M)

必须注意,如果把所有三个部门合并在一起,那么,除了工业的实际资产之外,就什么也没有剩下了。(与工业的实际资产相对应,会计往往以一种名义上的负债入账,但是由于它是一种纯粹的残数,它只是作为其他科目变化的计算结果而变化,所以这里不予考虑。)

这个图表不同于凯恩斯理论的最显著的地方,在于金融债券与工业债券之间的区别。我对它们作了区别。但凯恩斯则没有这样做。我自己不理解怎样可能避开这个区别。因为,如果地幔持有货币(m),而这种货币是不生息的,那么,工业债券的利息率就不可能与金融债券的利息率相同。假如利息率相同,那么,地幔(它被假定是互相竞争的)就不可能赚取利润。正如凯恩斯所正确地理解的那样,只要人们坚持地核只对地幔贷款的原则,地幔持有货币这一点就是极其重要的。因为,要不然,地核就不能根据自己的意志去改变货币供给,因而货币供给便不可能如凯恩斯所希望的那样,保持为一个外生变量。所以,必须把金融债券与工业债券区别开来,因为这两者必定会(正常地)产生不同的利息率。凯恩斯在仿效维克塞尔时忽略了这一区别。但是,只要他把货币供给看作是外生的,他就没有理由去像维克塞尔那样,假定一个单一的利息率。

这个问题的重要意义不是能单从外表上看到的。凯恩斯的单一利率是一种长期的利率。(在他的模式中,他的对货币的“投机”需求,是作为除了长期贷款外,别无他处可放债的结果而出现的。所以,长期债券的“卖方”不得不持有闲置的货币。并且,他无法将这些货币短期贷出去,虽然他肯定想去这样做。实际上,他至少在相当大的程度上想去这样做。)凯恩斯如此注重长期贷款的道理是很明显的。他确信,决定“工业”支出的最重要的因素是固定资本的投资率,亦即耐用资本品的投资率。而且他认为这种投资的费用必须通过长期借款筹集。但是,为什么资本投资一定得这样来筹集呢?或者说,在何等程度上它必须这样来筹集呢?

按照我们的一般化模式,其答案是明显的。如果工业要增加它所持有的实际资产(R),那么,它或者必须减少它所持有的货币(M),或者必须减少它所持有的金融债券(f)。或者,它必须增加其借款(I)。如果投资是通过前两种方式中的无论哪一种筹集的,那么,投资者的流动性(即在没有别人赞助的情况下,投资者依靠自己来对意料之外的需要作出反应的能力)就会减少,其减少的幅度将是全部追加支出的总和。然而,如果投资者借款(I)的话,那么,这对他的流动性就不会有直接的影响,而只有间接的影响(可能影响他进一步借债的能力)。可以很有把握地假定,这种间接的影响要比前种情况下的直接影响小。因此,投资者的借债能力会促进投资,因为它使人们能够在承担较少流动性损失的条件下进行投资。然而,这决不是问题的全貌。

必须强调指出,在我们的表里,所有的项目都是用价值来表示的。因而,R 或者可以通过增加实际投资(净资产存量的实际增加)来增加,或者可以通过提高价格(如资产暴涨)来增加。显然,凯恩斯主要考虑的是前一情况。我们先根据他的看法来进行讨论。

实际投资的开始并不立即增加实际资产的存量。它一开始是作为一种支出,这种支出的结果才是实际资产存量的增加。这种支出是货币支出,但它不可能在很大程度上来自现存的货币 M,即不可能来自工业所持有的货币。这是因为工业中几乎所有的现有货币都必须被假定已经在充当现有产量的流通手段了。而且(我们假定),这些货币本身还应随着投资的增加而**增加**。虽然会有漏损(如在乘数理论中所研究的那种漏损),但实际投资增加的最后结果必定是把货币吸收到工业中去(这是休谟很早就观察到的问题的另一面)。所以,M 并非像初看起来那样,可为投资提供资金。实际上,M 必须有所增加。

还存在另外两个选择:增加 I(工业债券)与减少 f(金融债券)。采用其中任何一种办法都会直接影响地幔的流动性,因为额外的货币只能从地幔中抽出来。在前一情况下(增加工业债券),从地幔的观点看,I 增加了,m 减少了。其影响限于表的资产一边。然而,就在资产这边,流动性明显地降低了。在后一情况下(即减少金融债券),地幔的 m 和 f 都减少了。虽然 m 的下降减少了地幔的流动性,但 f 的下降,却增大了地幔的流动性。因此,在后一情况下,地幔的流动性与前一情况相比降低得较少。但在两种情况下,流动性都会减少。

现在,我暂且回过头来谈谈财产价格暴涨问题吧。在这里,情况似乎具有本质的差别。如果人们想到,财产价格会在几乎没有任何交易的情况下有很大的提高，那么，人们就能理解这是为什么了。潜在的买者抬高他们的出价，同样，潜在的卖者也抬高他们最低可接受的价格。当价格过低时，他们没有做买卖。当价格过高时，他们也没有做买卖。然而，价格则在提高。当然，在实际上总会有一些买卖成交，并且在价格较高的时候，有更多的货币在买者与卖者之间搁死。但是，这样被搁死的货币的数量取决于交易额的大小，而不是取决于上述财产的总值。所以，这个数量也许不是很大的。何况，这些货币能由地幔在很少牺牲流动性的条件下来提供，因为每一笔贷款都会立即归还。所以，作为一种一级近似值，这种损失可以忽略不计。[25]

由此，我们可以总结如下：在货币供给（M＋m）不变的情况下，实际投资的增加一定会减少某处的流动性。如果这项投资是通过借款筹集的，那么，流动性的主要损失就由地幔承担；如果这项投资是靠动用储备筹集的。那么，流动性的主要损失就由工业自己来承担。如果双方都有充裕的储备，那么，流动性的损失就可以被承担，事实上，流动性的损失会在各部门间分摊，结果负担能力较好的部门就会相对地多承担一些。这正是利息率起作用的一个重要方面。因为在筹集资金的各种方法之间作出选择时，所收取的利息和所支付的利息总是一项需要考虑的重要事情。除此以外，人们不必去过多注意利息率。利息率的变化是作为流动性变化的结果出现的。

值得注意的是，像这样重新解释后的凯恩斯的货币模式与本篇第一节所阐明的古典模式，似乎没有多少差别（至少从表面上看是这样）。凯恩斯的模式现在似乎更像古典的模式，而不大像维克塞尔的模式。确实，在凯恩斯的模式中，我们难于看到有任何与"均衡轨道"相应的东西。不过，我们已经知道，凯恩斯对这类均衡不感兴趣。然而，只要货币供给是外生决定的，[26]就会有一个古典型的上限。就像在古典派那儿那样，经济体系并不一定非得处在它的上限上。经济体系所处的位置（凯恩斯常常把它叫做均衡）不但有可能，而且确实很有可能低于这一上限。即使在古典派的模型中（即我们所看到的那种模型），下限的存在也是难于证实的。对这个问题，众所周知，凯恩斯比他的前辈有更大的疑问。这也许是由于凯恩斯所讨论的金融体制更加复杂精致的缘故。因为这种金融体系更加复杂精致，所以它就更加脆弱。因而，它的某些原理一经严峻的考验，就很可能垮台。

然而，我们这样把凯恩斯说成是一个古典派人物，或半古典派人物，对他都是很不公道的。因为，我们忽略了就业问题。我们以上讨论的货币理论最多只能确定有效需求（PQ，或凯恩斯所称的Y）。人们可以设想在产出的货币价值与作为这一价值一部分的工资额（即工资总支出）之间，可能会有某种联系。但是，在我们不知道工人的工资水平之前，或者更确切地说，在我们不知道平均工资之前，就业是不可能由工资总支出来确定的。所以，我们必须同时讨论工资问题。

凯恩斯是通过采用工资单位这一概念来引入工资问题的。他用工资单位去计量有效需求（用 PQ/W 代替 PQ）。这只不过是一种说明问题的方法。但是，后来的解说者并没有发现它是一个有用的方法。它迫使读者翻智力筋斗。更糟糕的是，它把问题搞乱了。因为它掩盖了这样一个事实，即凯恩斯实际上已经假定，工资率或工资体系是外生的,是另一个外生变量。当有效需求增加(用货币表示)时,(用货币表示的)工资总支出也增加。如果其唯一的后果只是提高货币工资,而不是增加就业,那么,凯恩斯的体系就会垮台。无论实际情况是很少失业,还是很多失业,凯恩斯的模型总是处于充分就业(凯恩斯式的充分就业)情况中。

因而,工资的变动方式是极其重要的。在凯恩斯刚刚经历过的大萧条中,货币工资确实有所下降,但与失业的增加相对比,其下降幅度是无足轻重的(当时,在工业国家,情况几乎到处都是如此)。因而,他把对就业的作用看作是最重要的作用。这样做似乎是合情合理的,而且在当时,这样做确实也是很明智的。虽然有效需求对工资的作用可以作为一种限制条件来加以保留(并且采用工资单位这种方法,确实也使凯恩斯能够把对工资的作用作为一种限制条件保留起来),但是,凯恩斯体系的核心确实是这样一种模型,在这种模型中,当就业水平低于充分就业时,货币工资保持不变。

这样,就业就由 PQ(用货币表示)来决定。我们可以设想一个经济,它在特定的时间内面对着一系列可能的凯恩斯式的均衡。这些均衡可以根据它们各自的 PQ 的价值来加以排列。在少于充分就业的情况下,PQ 的变动将主要为 Q 的变动,而 P 的变动则相对来说很小。但是,在达到充分就业后,Q 不可能进一步增加。所以,PQ 的进一步增长所影响的,必定是 P。P 与 Q 之间的这种关系显然可以被描成一条曲线——“产出供给曲线”。事实上,我们从凯恩斯的著作中找到了这个概念。[27]

在最简单的情况下,即在只要存在失业,工资率便保持不变的

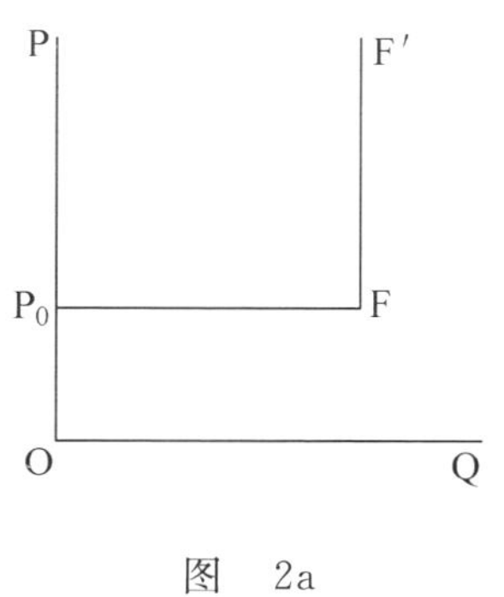

图 2a

情况下（并且，在这种情况下，无论就业水平如何，劳动生产率都相同；价格则是根据劳动成本加固定的毛利额形成的；毛利额不受就业水平的影响），这条供给曲线将由两个不同的部分组成（图 2a）。在小于充分就业时，这条曲线成一条水平线（P_0F）；在充分就业时，它则成一条垂直线（FF′）。这种经济只有这么两种情况，二者必居其一。[28]

虽然这种简单形式的凯恩斯主义的供给曲线在历史上发挥了它的作用（大概人们一定会把实现没有通货膨胀的充分就业，看作是一种命令：要找到达到 F 点并且停留在那里的办法），但是凯恩斯本人则并不把问题想得这么简单。他特别考虑到当经济接近充分就业时，工资提高的可能性。并且，他还考虑到其他投入要素出现短缺，致使毛利增加的可能性。这些因素会使这条曲线的形状变圆，如图 2b 所示的那样。应当指出，在图 2b 中，经济不再只有两种情况。它还有一种中间状态，这个中间状态也许是重要的。在供给曲线“弯曲的”地方，通过 PQ 的扩张，人们仍然可能得到更多的就业，但它必须是以增加通货膨胀为代价取得的。在这两者之间存在着一种“交替”。这是近些年来我们经常听到的事。[29]

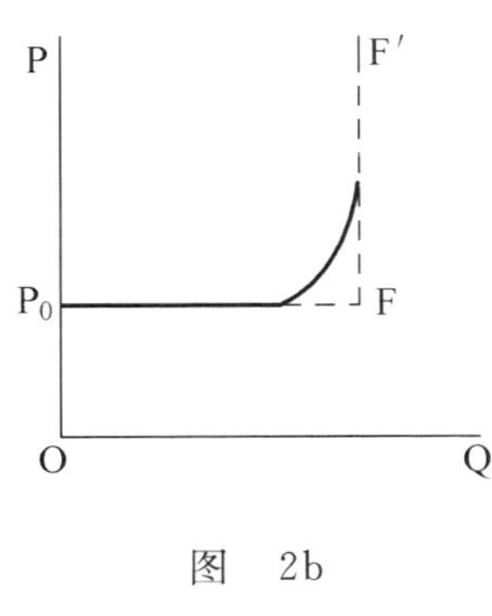

图 2b

如我在上面所画的那样，如果这条曲线是 FF′线的渐近线（这似乎是理解这条曲线的正常途径），那么，严格地说，充分就业是无

法达到的。充分就业仍然是个标准，但却不能达到。这是一个矛盾，这个矛盾不仅说明了凯恩斯经济学后来的发展进程，而且足以使人们认出《通论》本身的一个本质特征。

"《就业通论》是一种萧条经济学。"[30]在凯恩斯体系中，这些可能的均衡是由充分就业的限制限定的。但是，这个体系总是处在这一限制之内。所以，从这个意义上说，这个体系总是"受抑制的"。同样，这个体系也是由货币方面的限制限定的。但它也总是处在这种限制之内。故也是就这个意义而言，它是"受抑制的"。凯恩斯不仅表明了"失业的均衡"是可能的，而且还表明这是不可避免的。在他的体系中（按照他所做的假定），必然存在闲着无用的劳动，和闲着无用的货币。两者都是不可避免的。

实际的均衡一定在这两种上限以下。但是这些上限的相对位置怎样，则关系重大。如果货币的上限相对较低，货币的稀缺就成为达到充分就业的障碍。但是，用增加货币供给的办法，可以消除这个限制。然而，仅仅消除（或者说放宽）这个限制，还不能自动地增加就业。因为，增加的货币可以随时被吸收作为闲着不用的货币余额。而且（如果没有别的事情发生的话），实际情况很可能确是这样。这就是凯恩斯对他所认为的"正常"情况的诊断。这一诊断的结果与如下看法是一致的，即认为在接近充分就业的条件下，如提高货币上限，就会助长通货膨胀。

我们决不能忘记凯恩斯写作时的环境。像我所强调的那样，封闭型体系的经济理论必然是针对国际经济的。所以，我们必须注意国际经济。在本世纪三十年代的国际经济中，要认出货币的"地核"是不容易的。主要国家的中央银行仍然是以自己的黄金储备为准。所以,以黄金为基础的银行货币通常还是作为骨干货币来用。从本世纪二十年代末,直到 1931 年 12 月英镑贬值,毫无疑问,整个贸易世界(实质上)是建立在金本位制度上的,基本的货币基数是一些大中央银行的黄金储备总额。在此后一段时间内,外汇率波动很大。但到 1935 年,各国通货间的传统汇率似乎在恢复。然而,各国通货与黄金的比率则起了重大的变化。在 1933 年 4 月到 1934 年 1 月之间(这时,美元用黄金表示的固定价格已经恢复),美元的价格大约减少到先前黄金价值的五分之三。当美元与英镑的汇率开始接近往日的平价时,可以推断,英镑已贬值了,其黄金价值亦已下降到它原来的五分之三。因而,当时的情况(大致)是,货币基数额在账面上抬价了三分之二。结果,在这个可以很容易地得到资金的、“封闭的”国际体系中,产出的价值似乎大大增加了。

货币的闸门打开了。但是,复苏依然姗姗来迟。这就是凯恩斯写作时的环境。所以,人们可以理解凯恩斯为何把注意力从货币措施方面转到了更直接的刺激形式上。我认为人们能够察觉到,凯恩斯注意力的这一转变是在《通论》的写作过程中发生的。事实上,人们确是这样来理解的。然而,应当指出,在理论范围内,那时的形势还是有可能用另一种方式来理解的。凯恩斯自己早已说明为什么他所信赖的长期利息率一定对银根的放松反应得相当慢。这正是 1922—1933 年与 1935 年之间英国和美国的实际情况。但是,为什么在另一方面不会有这同样的迟延呢?如果人们承认,就像凯恩斯(按照他自己的原则)早就应该承认的那样,流动性因素不仅影响金融市场(我们的“地幔”)里决定的形成,而且还影响“工业”中决定的形成，那么，人们便能够看出，类似的理由同样说明了为什么实际投资对货币与金融的放松（monetary and financial ease）反应得相当慢。在一次大的冲击以后，工业家像金融家一样，他们的创伤必须治愈，他们必须能看到自己的前途。所有这一切问题都必须首先解决，然后经济体系才能以“正常”方式开始运转。

但是，上述这些与其说像是凯恩斯的观点倒不如说像是维克塞尔的观点（或罗伯逊的观点）。对此，凯恩斯与他的信徒门表现得就如热锅上的蚂蚁。

（四）我们自己

现在，我终于能讨论这篇文章开头提出的主旨问题了。从我们在上面所作的考察来看，我们能从以上所考察的货币理论中，学到多少与今天的实际情况有关的东西呢？这些理论是在与我们的时代非常不同的条件下提出的，这点已经得到说明。然而，通过比较当时与现在的条件，这些理论对理解现在的情况是否具有参考价值？

我已强调过这些理论是封闭体系的理论。所以，这些理论所谈到的必定是世界经济（或我们叫作贸易世界经济的那种经济）。与金本位时期的情况相比，现在要从全世界货币体系的角度来思考问题已变得更加困难了。可是，我们所研究的问题中至少有一些是世界性问题。所以，由于这个缘故，封闭型经济理论还没有完全过时。高失业率下的温和的但却是持续的物价上升，是所谓布雷顿森林体制时期的一种世界性特征。这个时期从五十年代某个时候开始，一直延续到 1971 年美元危机为止。从那时以后，物价更加急剧地上涨，就业情况更糟，这些已成为一种世界性的特征了。为什么在布雷顿森林体制时期，物价状况会是这样呢？为什么物价上涨后来加速了呢？为什么就业状况出现了这些变化呢？这些都是大问题。但是，这些问题用我们现在的研究方法来处理，也许是适当的。

本文是从古典货币数量论开始的。现在再从它开始谈起想必是适当的。主张回到货币数量论去的意见已经成为很时髦的东西了。例如，我们的货币主义者就主张说，只要能够控制货币数量，通货膨胀就能治好。正是为了澄清这一有争议的论点，我才从一个很简单的使用硬币的经济来开始研究。在这样一种经济中，毫无疑问，货币供给受到自然力的支配（就这种经济的制度而言），而且人们对这种自然力是无能为力的。在这种经济中，货币主义大概不是一种政策，而是一种现实。即使在这种情况下（我已指明），虽然该经济产出的价值不能提高到某个限度以上，但它能降至那个限度以下。波动是可能的（即围绕着低于上限的均衡轨道波动）。并且，当产出的价值达到它的上限时，便很有可能出现一场危机。出现这样的危机不是件好事（见上面第 65 页）。由于银行的出现，这样的危机便更有可能发生。但是，即使没有银行，危机照样可能出现。不过，虽然银行业务如不受控制的话，会加剧危机，但是，信用的集中（银行体系的成长意味着信用的集中），确实给人们以某种希望：即通过在银行体系内实行适当的政策，这种波动有可能减轻，这样，经济便有可能更接近于它的均衡轨道。

然而，上述这些都是假定有一个上限，而且这一上限不能移动。另外，上述分析还假定人们知道这个上限是不能移动的。正因为人们知道这一点，稳定措施才有可能发挥作用，[31]经济繁荣才被人们感到是经济繁荣，衰退才被人们感到是衰退。物价在一种情况下会高于正常水平，而在另一情况下则低于正常水平。只要这种情况保持不变，一种“均衡倾向”就会存在。从原则上说，英明的信用政策能促进这种均衡倾向。

我们已经看到为什么在三十年代货币制度的混乱中，货币的金属基础削弱了。那时，货币金属丧失了某些权威。在布雷顿森林体制时期，这就走得更远了。人们普遍公认，在这个时期，世界事实上是处于美元本位制度中。虽然美元在形式上能兑换成黄金，但是，作为基本货币的，却是美元，而不是黄金。结果，在整个贸易世界中，货币供给不再像古典经济学时代那样，受自然力的限制。假如(用我们的行话来讲)产出的价值被提高到与那个上限相撞的程度，那么，上限理所当然地会变动。这就向维克塞尔早已分析过的纯信用经济迈出了一大步。所以，实际经济已开始按照大概像是维克塞尔的方式来运转，这一点人们并不会觉得奇怪。

我们不难猜想到关于这些问题维克塞尔会说些什么。在他的时代，物价下跌。他当时根据这个理由推论说，这是由于市场利息率的降低没有自然利息率的下降那么快。在布雷顿森林体制时期(这一时期同维克塞尔分析的那段时期基本上一样长)，物价提高了。所以，我们可以根据维克塞尔的理论解释说：这是由于市场利息率提高得不够快的缘故。确实很有可能，开头会有一个阶段，这时利息率的延迟反应加速了通货膨胀。但是，把整个五十年代和六十年代的经历都归结为这个原因，那肯定会过高地估计银行政策的重要性。实际上，必定还有其他因素在起作用。在我们以米尔达尔的著作为根据修正的维克塞尔的模型中，这些因素是可以得到说明的。

记得在这一修正后的模型中，没有一个价格指数，其不变性能保证均衡的到来，甚至也没有特定的必然能被捧为均衡进程的价格进程。价格的各种均衡进程是可能的。要选择其中之一作为优先的价格均衡进程，人们必须求助于非货币的考虑。这些轨道中的一条之所以被认为比别的轨道优越，其唯一的理由是，在该经济的制度条件下，经济能较容易地沿着这条轨道前进。

银行家很难说出这条优先的轨道应是什么样的。这条轨道肯定是被加给银行家的。银行家所能做的只不过是“使市场利息率与自然利息率（即那个特定轨道的自然利息率）保持一致”，以设法不让金融成为经济动荡的附加根源。这显然意味着在通货膨胀的条件下，市场利息率必须相应地提高，否则，它们就会不必要地助长通货膨胀。根据这一点，人们能指望单一的货币政策来做的事，大约就是这些。

我们是从米尔达尔那里得出这个（相当消极的）结论的。如果我们把它和从凯恩斯那里可以学到的东西结合起来，我们就能给它更多的含义。

让我们回到凯恩斯的“产出供给线”这一问题上来（上面图 2）。但是，由于我们这里谈的是维克塞尔式的长期问题，而不是凯恩斯的短期问题，所以让我们修正一下供给曲线。我们的新曲线不是把价格水平（P）与产出水平（Q）联系起来，而是把两者（P 与 Q）随时间而变化的比率(p 和 q)联系起来。因此,在图 3(以及它的每个特殊形式)的纵轴上,被计量的是某种价格指数的变化率,即通货膨胀率;在横轴上,被计量的是实际产量的变化率,通常也叫做增长率。两个轴(Op 与 Oq)现在有了特殊的意义。Oq 上的各点(p＝O)是通货膨胀等于 O 的点,Op 上的点(q＝O)是增长等于 O 的点。

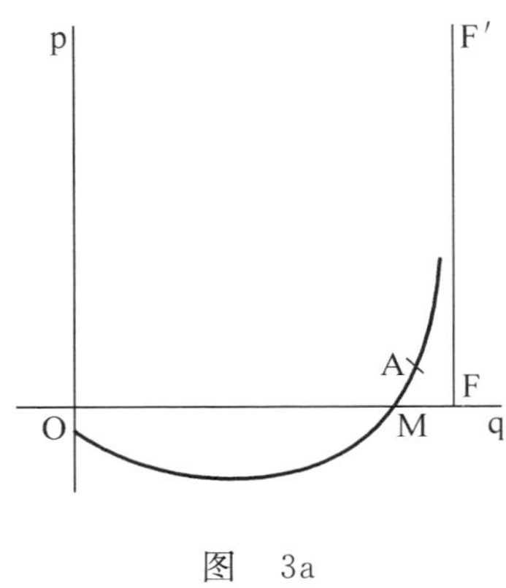

图 3a

和在凯恩斯那儿一样,一种更加扩张的政策(无论是货币政策,还是预算政策——即各国预算所起作用的总和)表现为沿着这条曲线向右运动,[32]不过必须强调指出,新曲线上的各点是可供选择的均衡点(是维克塞尔—米尔达尔式的比较长期的均衡,而不是凯恩斯式的短期均衡)。因此,在这个图上,没有表示从这些均衡点中的一点到另一点的运动途径。它表示的只是可供选择的各种可能性罢了。

关于这条曲线的形状,我们能说些什么呢?或许我们可以把它叫做“增长供给曲线”。它与凯恩斯的曲线不同。所以,必须分别加以检验。

首先,显然必须有一个与凯恩斯式的充分就业相应的障碍。也就是说,必须有一个可以通过扩张来达到的最高物质增长率(physical growth rate)。如我们在前面从凯恩斯那儿得来的图中所画的那样,我们可以在我们的新图上画一条 FF′线。使增长率超过这条线的任何尝试必定会导致永无止境的通货膨胀。[33]

在低增长率下，所发生的事都取决于市场行为，譬如劳动市场行为，以及产品市场的行为。首先让我们作一个凯恩斯主义的假定（或许人们会说这是“庸俗的凯恩斯主义”的假定）：即在低增长水平下，工资水平将固定不变，当接近充分就业时，工资水平会提高。让我们再假定在低增长水平下，物价是由成本决定的，亦即在劳动成本的基础上加上一个固定不变的毛利。然而，这些为凯恩斯的曲线所做的假定并不一定使我们得到与凯恩斯曲线相同的曲线形状。因为在这里，我们还必须考虑到生产率的变化。可以合理地假定生产率与增长之间有某种关系。[34]当然，即使产出的增长是零，生产率也可能有某些增长。但是，在产出增长较快的情况下（这必须要有较高的投资来支持），生产率肯定会有较大的提高。这种提高可被看作是由产出的较快增长带来的（至少在一定程度上是如此）。这就说明，如果价格是由成本决定的，那么，增长率越高，价格就越低（再至少在一定程度上是如此）。图3a中所画的曲线的形状似乎显示出了这种关系。

在这种情况下，可以看到，有一个有趣的标有M的点。在这一点上，有相当大的增长，但没有出现通货膨胀。在M点上，会有一些失业，但它们可能不太严重（因而，也可以说，在M点上，有一个“自然失业率”）。那么，经济为什么不能做到正好达到M点并且停留在那里呢？

这里有一个明显的原因。一旦人们知道更加扩张的政策能够减少失业，零值通货膨胀的政策在政治上就是站不住脚的。只要通货膨胀是温和的，人们便认为与更温和的失业相比，它倒是更小的罪恶。所以，“政治均衡”点（political equilibrium）必定在M点的右边(图 3a 的 A 点)。在布雷顿森林体制时期,人们似乎看到,政治均衡点正是在那里。

然而,我们可以更深入地来研究这个问题。决不能相信各个部门生产率的增长能够步调一致。生产率必定在有些部门提高得相当快,而在其他部门则几乎没有显著的提高。因此,我们万不能让自己受到引诱,认为在 M 点上,货币收入将增加,剩下要解决的问题就是怎样在工资与利润之间分配这一增加部分。这样来解释上图是行不通的。

保留我们关于毛利不变的假定,并且设工资的提高在各部门之间是一致的(如果这些假定不成立,那就会带来附加的麻烦)。即使如此,相对于发展缓慢的部门而言,在发展迅速的部门,价格也必定会下降。所以,只有在发展迅速的部门价格下降,而在发展缓慢的部门价格提高的情况下,一般价格水平才能平均保持不变。但要保持恰如其分的压力,以使发展迅速的部门的价格下降得恰到好处,这不可能是轻而易举的事。

如果我们从国家的角度来考察的话,那么,这个问题就能比较容易地理解。请考虑这么一个模式。它是由两个国家组成的,它们具有不同的生产率的增长率。我们可以根据这个差别,把它们分别叫做发展迅速的国家与发展缓慢的国家。每个国家都有两个部门:一个是“国际”部门,生产能够在两国间交换的商品,另一个是“国内”部门,生产不能在两国间交换的商品。我们假定(并不是非常不实际的),这两个国家国内部门的生产率是不变的,生产率的增长(生产率的不同增长),仅仅出现在国际部门。

假如在每个国家,资源在各部门之间可以自由转移,那么,相对于“国内”部门而言，“国际”部门的物价必定会相对下降。这种价格（相对）下降的比率取决于“国际”部门生产率增加的比率。如果这两个国家实行同一货币本位制，而且在两国之间没有重大的贸易障碍，那么，每个国家的“国际”商品的价格必定大致相同。设 p_i 是“国际”价格水平增长的比率（当然 p_i 可能是负数）。这样如果 h_F 代表发展迅速的国家在“国际”生产中生产率增长的比率，那么，p_i+h_F 便是发展迅速的国家“国内”价格必须提高的比率。并且发展迅速的国家的总的物价上升率应是 p_i+h_F 与 p_i 之间的某个平均值，它可以写为 $p_i+k_F \cdot h_F$。同样，发展缓慢的国家的总的物价上升率应是 $p_i+k_S \cdot h_S$。因此，如果两国的 k 值（它取决于国际贸易商品在有关国家总生产中的份额）都差不多，那么，发展迅速的国家的总的物价水平一定要提高。它和发展缓慢的国家的物价总水平相比应提高 $k(h_F-h_S)$。

上面的计算是建立在太多的简化性假定上的，因而它只不过使我们受到了一些启发罢了。然而很明显，这些简化的假设可以大大地放宽，而上述主要结论却可依然成立（至少在条件特别成熟的情况下是如此）。如果在竞争性产品的生产方面，发展迅速的国家的生产率增长率与发展缓慢的国家的生产率增长率之间存在很大差别的话，那么，两国间的贸易如要保持平衡，发展迅速的国家的价格与发展缓慢的国家的价格相比，就必须提高。所以，只有在发展迅速的国家的价格提高得很快的情况下，发展缓慢的国家才能保持物价稳定。如果“通货膨胀”在发展迅速的国家受到抵制，那么，发展缓慢的国家势必陷入困境。在国际关系中，这已经成为司空见惯的事。人们已经广泛用它来作为反对固定汇率的一个论据。然而，应当看到，当一个国家内发展迅速的部门与发展缓慢的部门互相竞争时，也会出现与上述失衡完全一样的失衡。同时还应当看到，这种现象本质上是一种急剧增长中的现象，这种急剧增长过程几乎必然带来增长率的重大差异。

在布雷顿森林体制时期，世界上发展迅速的国家的增长率很高，并且从历史上看，真是异常地高。因此，并不奇怪，前面的分析好像也适用于这个时期的实际情况。只有当整个货币体系内存在着相当程度的通货膨胀时，发展缓慢的国家的形势才能过得去。但是，发展迅速的国家越是成功地控制住自己的通货膨胀，发展缓慢的国家的处境就越困难。这很像是布雷顿森林体制时期出现的情况。[35]然而，如果我们对上述理论作进一步的修正的话，那么，这一时期的情况就能得到更加准确的反映。

在我们关于发展迅速的国家与发展缓慢的国家的叙述中，我们一直（不言而喻地）假定两国之间的收支是平衡的。当然，它最后必须达到平衡。但是，人们可以了解到，很可能在一段过渡时间内，发展缓慢的国家可以通过积欠一笔逆差，来使其处境得到缓和。实际上，这就相当于发展迅速的国家贷款给发展缓慢的国家。很可能，在国际收支不平衡持续下去的同时，两个国家的物价上涨率都会提高。这主要是因为，当发展迅速的国家发现它的充裕的产品能更容易地出售时，迫使它降低“国际”商品价格的压力便减少了。因此，国际商品的（共同的）价格水平可能提高得较快，或降低得较慢。这便很可能抵消发展迅速的国家对外贷款对本国所起的通货紧缩作用。同时，在发展缓慢的国家中借款除了对国际商品价格水平会起作用外，它还将起通货膨胀或反通货紧缩的作用。[36]

关于布雷顿森林体制时期的一般情况我们几乎不必再作更多的说明，就能很容易地理解，因为我们现在有另一条理由来说明为什么布雷顿森林体系的均衡应是图3a中的A点所表示的均衡，亦即通货膨胀，但是温和的通货膨胀。我们也能理解为什么这种情况与相当高的就业水平是一致的。由于生产率急速提高，高度就业就有可能实现，因为生产率的急速提高能使高度就业在物价如此适度上涨的情况下成为可能。

没有必要为得出这样的结论，而去说明这种通货膨胀是由需求决定的，还是由成本决定的。当然这是一个常见的区别，但这两种通货膨胀都是以几乎相同的方式起作用的。在M点上，尤其是在A点上，货币收入将会增加，这在我们的论述中已经指明。实际上，不仅在生产率有了提高的部门货币收入会增加，而且，在其他部门，货币收入也会增加。是什么传递机制使货币收入的增加，从生产率有所提高的部门传导到别的部门的呢？这种机制可能来自需求方面——生产可交换商品的部门收入的增加，使得对不可交换商品的需求增加。或者，这种机制可能来自供给方面——生产国内商品的部门不得不提高价格，以免资源被生产国际贸易商品的部门占用太多。或者这种机制也可能采取下列方式：物价上涨在持续了足够长的时间后，便引起人们对物价进一步上涨的预期；这一预期又影响到工资谈判的进行，由此（或由于别的原因）产生一种“独立的工资推进”。我并不认为在布雷顿森林体制时期，普遍的物价上涨足以说明这最后一个机制在全世界范围内起了极为重要的作用，虽然有些特殊国家的情况确是如此。[37]不过，我们

最好还是把这个问题记在心上,因为后面我们还要谈到这点。

如果“独立的工资推进”作用重大的话,它可能改变我们的曲线。到目前为止,我们一直假定,在增长率低时,工资水平不变。但是,这个假定(凯恩斯对此很清楚)可能只不过是一个经验主义的假定,它不一定成立。如果有一个独立的工资推进,那么,这可能使这整条增长供给曲线向上移动(图 3b)。因而,最佳位置 M 点会向左移动,结果使“自然失业率”增加。的确,在工资推进足够猛烈的情况下,再高的失业水平也不能阻止通货膨胀。

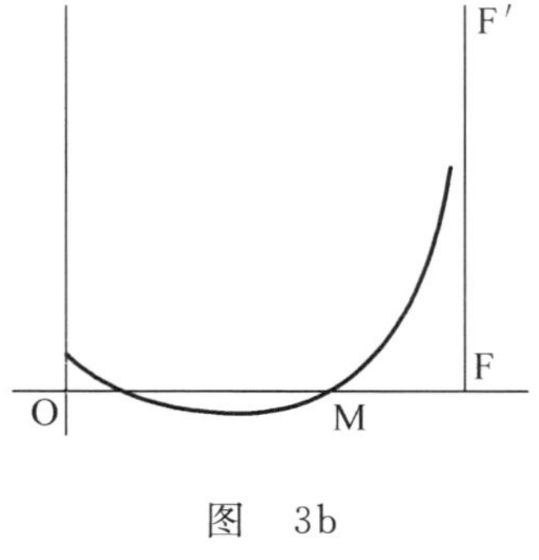

图 3b

确实,在布雷顿森林体制时期,就世界经济而言,这仅仅是一种理论上的可能性。但我认为,它后来成为更加实际的东西了。

那么,让我们继续考察吧。我们已经指出了布雷顿森林体制所经受的考验,而且还说明了随着时间的流逝,这些考验变得越来越严峻。1976 年英镑贬值或许是这个体系的第一条裂痕。但英镑已不再像早先那么重要了。因此,如果这次英镑贬值靠自己的力量顶住的话,那么,英镑本来是能够经得起这次考验的。美元危机则是另一码事。

当时已经很明显,美国也是一个发展缓慢的国家,或者说,就它所承担的责任而言,无论如何是一个发展不够快的国家。所以,美国也经历了一个逆差阶段。根据刚才所作的分析,我们应当预料到,美国的逆差暂时是有好处的。但是美国的逆差竟然弄到使它自己的信誉受到了损害的地步。美元当时是关键性通货,是最稳定可靠的通货，是信用经济运转的中枢。然而，美元后来是不是真的如此稳定可靠却成了问题。虽然，它还没有明显的匹敌对手，但人们对它的怀疑仍然存在。于是，货币中枢转移的时刻到来了。固定汇率（以美元为基础）垮台了。

人们本来可以预料（许多经济学家已清楚地预料到），由于“浮动汇率”使发展迅速的国家出口较困难，所以，它对这些国家会起一种通货紧缩的作用。另外，虽然浮动汇率对发展缓慢的国家的物价（按该国现已贬值的通货计算）很可能产生不同的影响，但是，如果物价按发展迅速的国家的通货（相对而言是未贬值的）来计算，发展缓慢的国家的价格也可能普遍下降。按照这一看法，在我们的图上应出现一个从 A 点退向 M 点的运动，即以减少就业为代价来制止通货膨胀（用不贬值的通货来计量的通货膨胀）。

非关键国家的货币贬值（例如英国在 1967 年的情况）必定产生、也确实产生与以上相同影响，其影响的程度与这个国家的重要性成比例。这是因为，这个国家必须抑制需求，以保证它本国的已贬值的汇率能稳定下来。然而，美元的浮动则不同。美元浮动后，就不再有新的汇率必须加以维护了。旧的固定汇率体制崩溃了。所以，为了使新的体制能被人接受，人们不得不说浮动本身是一件好事，它消除了原来存在的对扩张的不恰当的限制。因而，美国没有发生贬值后的经济减缩。并且，别的国家学美国实行浮动汇率学得也不慢。

其结果是一次很普遍的繁荣。但这是一次昙花一现的繁荣，几乎不到一年便结束了。其原因很清楚。七十年代初是一个时代的终结，这不仅在我们一直讨论过的方面是这样，而且在别的方面也是这样。

这里不可能详述历史，如 1972 年的歉收，1973 年的石油勒索和大体同时出现的工业原料短缺。我们在这里必须做的是，从理论上对这些事及它们的后果加以说明。

最近的丰富经验对上述理论提出了异议，其中首当其冲的是凯恩斯关于充分就业是增长的极限这一观点。现在不得不考虑的是另一种可能性，即增长的限制也许是由别的什么造成的。假设有两种可能的障碍，首先遇到的那个障碍将是实际起作用的障碍。因此，在布雷顿森林体制时期，充分就业的障碍有可能确是实际起作用的障碍。但是，从那时以后，实际起作用的障碍已不再是同一种了。现在，充分就业是不可能在布雷顿森林体制时期的高度增长率下达到的，因为为维持充分就业所必需的初级产品的供给搞不到手了。

这样高的增长率能够维持这么久，而没有在初级产品方面引起更多的紧张情况，的确是件罕事。人们本来可以预料会有更多的收益递减的征兆。当然，有许多人早已预见到紧张。人口学家对我们讲了许多有关这方面的事。这些情况的产生可能是由于长期躲在幕后的马尔萨斯终于出现了，但也有可能是由于 1972—1973 年异常的扩张造成了异常的紧张。当然，从长期来看，供给还是可以扩大的。但在短时间之内，供给不可能以异常的增长率所要求的速度来扩大。上面两种观点都可能是对的。这里试图对这两者作出判断是不必要的，因为目前这两种情况所造成的局面是大体相同的。

让我们根据左面的曲线图（现在是图 3c）来考察这个问题。

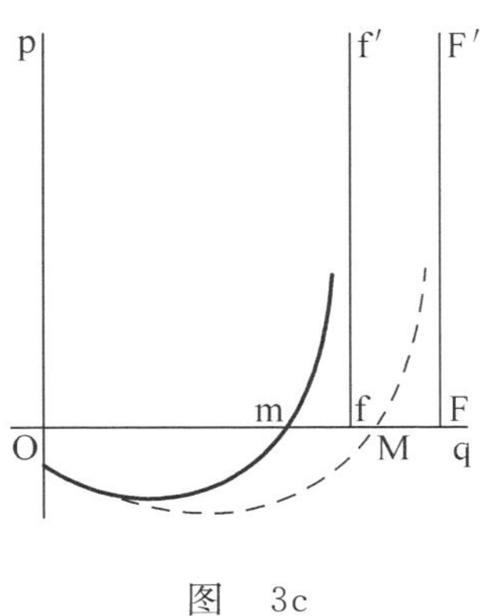

图 3c

在图 3c 中，我没有考虑独立的“工资推进”。因此，如果没有新的限制，增长供给线可能还是呈现图 3a 所呈现的形状。这里，我们把图 3a 中的供给曲线复制为虚线。如果新出现的限制成为实际起作用的限制（在 ff′那里），曲线便移动（如图所示）。在通货膨胀与失业之间仍然存在着交替，但现在是一种更不利的“交替”。以前的位置（A 点）现在是达不到了。想要达到 A 点就会导致更严重的通货膨胀，并对更严重的失业毫无裨益。[38]

以上说的只是实际发生的一部分情况。我们还可以更深入一步。不仅增长的限度必须再加以考虑，而且市场的作用也必须再加以考虑。

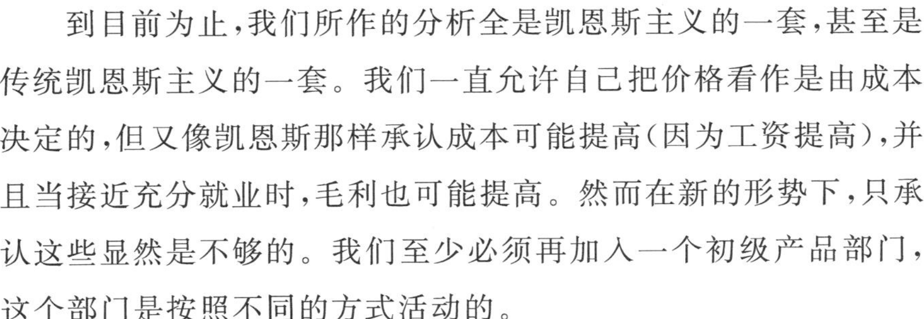

到目前为止，我们所作的分析全是凯恩斯主义的一套，甚至是传统凯恩斯主义的一套。我们一直允许自己把价格看作是由成本决定的，但又像凯恩斯那样承认成本可能提高（因为工资提高），并且当接近充分就业时，毛利也可能提高。然而在新的形势下，只承认这些显然是不够的。我们至少必须再加入一个初级产品部门，这个部门是按照不同的方式活动的。

无疑会有多种价格行为存在。根据不同的目的，对它们按不同的方式进行分类是完全合适的。所以，处理“微观”问题（厂商理论）时，应有一种价格理论，处理“宏观”问题时，例如处理我们现在考虑的这些问题时，则应有另一种价格理论。这同样是十分合适

的。后一种理论确实应当很简单，它不应有不必要的区别。如果我们只用一个区别就能对付宏观问题，那当然最好。好在确有一个经过反复试验证明了的区别。它看来是适用的。

它恰好是人们在成本递减的工业和成本递增的工业之间所作的那个传统区别(古典学派的或马歇尔的区别)。成本递增是初级产品部门的特征，而成本递减则是制造业部门的特征。凯恩斯(主要)想到的一定是成本递减工业。在成本递增的工业中，价格等于边际成本。这种价格仍然可以产生一个足够的剩余。这里，我们能够靠传统的供求机构来处理问题。但是，在成本递减的工业中，这样做就行不通了。在成本递减的工业中，如果一个厂商要生存下去，他的商品的售价不仅必须超过其边际成本，而且还得超过其(较高的)平均成本。但这个超过额应是多少则不易确定。不过，把这些部门的价格看作是基本上按我们所叫做的传统的凯恩斯主义方式[39]由成本决定的，似乎还是恰当的。所以，我们有两个部门：一个为初级部门，这个部门的价格是由供求决定的；[40]另一个为制造业部门，这部门的价格是由成本决定的。

在初级部门，有一条向上倾斜的产出供给曲线，但这里也有生产率的增加。因此，只要需求的增加没有超过生产率的增加，价格就不应提高。然而，在短期内，供给是无弹性的。所以，只要需求增加的速度超过生产率提高的速度，价格就会急剧提高。而且，由于初级产品的价格进入制造业的成本，因而初级产品价格的提高就被传播到制造品的价格上，从而导致价格的普遍提高。这些实际上已经由图3c表明了。

但是，这些显然还不是实际发生的所有情况。虽然物价的加速上涨起源于初级产品部门，但它的影响却比初级产品价格提高所可能造成的直接影响要大得多。即使在1974年以后，当经济活动的缩减减少了对初级产品市场的压力时，加速的通货膨胀也继续存在。的确，还有别的问题，即对工资所起的反作用问题，我们还没有考虑到。货币工资这时也有了增加，其速度比六十年代要快得多。由于货币工资的增加提高了制造业的成本，物价因此有了进一步的提高。值得注意的是，这种情况是相当普遍地存在的，并非只发生在有强大工会的国家。

我认为以上这些不难理解。把劳动市场看作是和初级产品市场相同的市场，说其价格是由供求决定的，这种看法是完全错误的。还有一种更复杂的工资理论，它把工资的增长率归结于失业和未填补的工作空位之间的平衡的变化。但即使是这种理论也是错误的。至少在劳动市场的较重要的部门中，就业契约是一种协议，人们必须按照这种协议去一起劳动。如果双方不觉得就业条件是公平的，他们就不会在一起有效地劳动。在劳动关系方面，要实现公平，有许多难办的地方(例如工资差额问题)。不过，其中有一个最明确、最少争论的要求，那就是要保证生活标准的连续性。因此，在生活费用有了相当大的提高后，双方便感到增加货币工资是公平合理的。这就是赞成搞工资指数(无论是正式的还是非正式的)的原因。不管这种工资指数是正式的还是非正式的，我想它是一定存在的。[41]

工资指数化虽然会使图3c中所画的增长供给线的斜率变得更加陡峭，并且确实是非常之陡峭，但是，这并未改变曲线的一般特征。如果经济活动能够大大缩减，以致能防止初级产品价格的

上涨，那么，工资是否指数化在大体上是无关紧要的。m 点在工资指数化的情况下可以达到，在工资没有指数化的情况下同样可以达到。但是，只要经济活动的扩大超过了 m 点，一般物价水平的急剧提高就会随之而来。因而，供给增长曲线（虽然还是通过 m 点）与图中所画的位置相比，就会更快地朝 m 的右方上升。这时，就业减少本身是不可避免的，对就业减少的任何抵制就会导致更严重的通货膨胀。

问题到此并没有完结。由于经济障碍的移动（移到 ff′），这时可能达到的经济状况不仅更加小于充分就业，而且其增长速度减慢。因此，实际工资可能达到的增长率也降低了。人们在增长不太受限制的年代经历了长期的实际工资的增长。这些经历很可能使他们继续要求增加实际工资，并把这种增加看作是他们所“要求”的一部分。因为他们认为这是保证他们的生活水平的连续性所必要的。和工资指数化不同，如果出现了这种情况，那么，必须把它看作是一种“独立的工资推进”。我曾指出，在 1970 年以前的情况下，除了在某些特定的国家和特定的环境外，独立的工资推进好像没有起什么重要的作用。但是，在增长速度受到妨碍的情况下，人们则不能再那么对此有把握了。

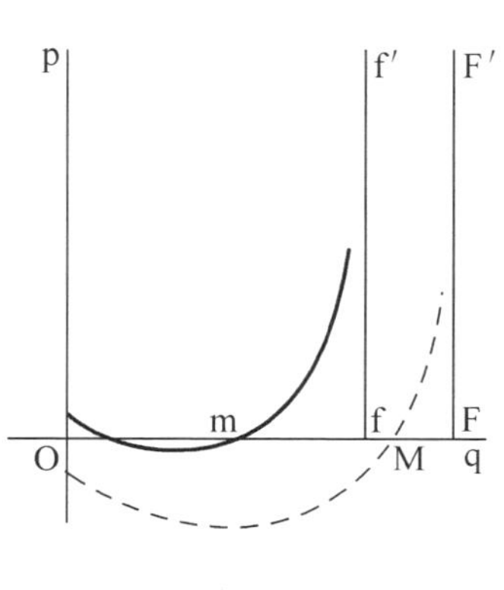

图 3d

假定独立的工资推进是重要的，那么，它将造成这样一种局面，这一局面可以用图 3d 来表示。整条增长供给曲线向西北方向移动，只要这个局面持续下去，通货膨胀便不可避免，并且高度失业也势必难于避免。两者都不能用货币政策或财政政策来加以挽救。这些政策能够做的，只不过是在一方面有所失，在另一方面有所得罢了。但是，很可能这两方面都已经是不能忍受的了。

人们用不着舍弃封闭型经济模式（我们至此一直在用这个模式）就可以使讨论深入到这一步（假如这一步是值得的话）。当然，这种模式还是过于简单化。人们恐怕不能设想（如在我的图上，我一直使政策好像在作这种选择一样）可让政策去选择“曲线上的一个点”吧。贸易世界并没有一个统一的政府来执行统一的政策，更何况国际货币基金组织也不是全世界的中央银行呢！在现实中，存在许多政府，它们各有自己的银行在独自活动，它们之间相互影响。总的来说，各国都受到同样的限制。但是，这些相同的限制是以不同的方式影响不同的国家的。

下面，我们显然可以（像前面一样）接着讲两个国家的模型问题。可是由于这里所讨论的是初级产品和工业产品之间的关系，所以，两个国家中的一个应当是初级产品的净出口国，而另一个是初级产品的净进口国。初级产品供给减少的实际后果，就它相对于原来的增长轨道本来应有的后果而言，是人所共知的。在贸易条件上，必定有一个有利于出口国家的变动。这样，如果在原有经济活动的水平上，需求是没有弹性的，那么国际收支平衡一开始会变得对出口国家有利，而对进口国家不利。这种变动本身将促进出口国家经济活动，缩减进口国家的经济活动。但是，像前面一样，我们还能再深入下去。

只要这种不平衡保持下去，出口国家实际上就是在贷款给进口国家，而且这种贷款（我们已知道）[42]促进了 PQ 在整个体系内的扩张。换句话说，只要进口国家能够靠借贷来支付初级产品的高价，那么，初级产品的高价就能比较容易保持。对暂时的资金短缺来说，贷款可能很有作用。但是，如果这种短缺持续下去，其结果很明显：收支不平衡不可能再继续下去。即使不平衡（在统计上）继续存在，但贷款终将中断的威胁将首先使进口国家情绪低落，最后也使出口国家情绪低落。

人们可以用两个国家——进口国和出口国的模式来说明许多问题（无疑，它还可以被用来说明更多的问题），但这个模式反过来说也是过分简单化了。无论如何，这个模式必须和我们以前做的那个区别结合起来。至少在进口国家之间，我们必须把发展迅速的国家和发展缓慢的国家区别开来。人们必须把各个进口国家看作是竞争稀缺初级产品供给的对手。同时，人们可以预计在这样的竞争中，发展迅速的国家会干得好些。因此，最感紧张的也许是发展缓慢的进口国家。[43]这种紧张，归根到底，是由初级产品市场里发生的情况造成的。

我们所画的这一凄凉的曲线图（图 3d）谈的是封闭型经济。它把贸易世界作为一个整体来看。但这个图也可以应用于发展缓慢的进口国家的实际情况（或许这更有说服力）。把这个图应用于这样一个发展缓慢的进口国家，确实最有说服力，这个国家采用自力更生的办法来克服收支不平衡，使自己尽可能地转变为一个封闭型经济，尽可能地从贸易世界中撤出来。但是，根据图 3d，即使在这假定的情况下，这样做也不是办法。

但是，还有什么出路吗？如果那条“曲线”上任何一点都是不可忍受的话，那么，只有移动那条“曲线”才行。一定要从那两个障碍上下手，不要把它们看作是一成不变的。依靠劳动市场政策可以减轻工资膨胀。时间一久，这就更容易办到，因为造成工资膨胀的一个重要原因正是增长率从高速到低速的转变。当人们对较低的实际工资增长率习惯了时（实际工资增长率减低是不可避免的），工资推进方面的压力就有可能减轻。但是我们满可以说，这样做只不过是承认失败。

从另一个障碍上下手又可能好多少呢？人们不能只去寻找办法来缩小产出的两个限制（在我们的图上是 FF′和 ff′）之间的差距。当然，差距是可以被缩小的。而且，通过影响 FF′线吸收劳动，但又不扩大产量，亦即通过隐蔽失业的办法，差距正在某种程度上被缩小。然而，采用这种办法只不过是承认失败的另一个方式，一个更糟的方式。要取得成功，我们必须设法放宽初级产品方面的限制。通过直接提高初级产品供给方面的生产率，亦即通过提高现有资源的生产效率，并同时设法发现新的供给来源，这个限制就有可能被放宽，而且完全有可能被放宽。如果这一些能实现的话，那么，七十年代的萧条看来将成为一段插曲。另外，靠削弱在那么多初级产品市场上出现的垄断倾向（石油卡特尔不过是一个突出的例子）也能克服这种限制。即使这些办法都不行，我们还可以通过改变生产方法（如改变现有商品的生产方法及各种商品的生产比例）来放宽这一限制，这样我们就能靠使用更多的劳动和较少的初级产品来生产等量的价值。虽然最后这个办法看起来可能像是工业主义正常发展进程中的一种倒退，因为工业主义的主要特征就在于用自然资源（特别是动力）去大规模地代替人的体力

劳动，但是，工业发展中具有这些特征的阶段很可能正在结束。[44]假如钟摆摆向另一边，但又不是倒退到更多地使用人力、使得人像牛马一样工作的社会，而是趋向于（相对而言）更多地用人的智慧去生产质量优良的商品，那么，这大概不算是一种失败。

附　　注

① 《货币理论评论集》1967 年，第 156 页。

② 特别要看他的文章：《利息率对商品价格的影响》，1898 年。英译本收入维克塞尔的《经济理论论文选》，1958 年，第 67—89 页。J. R. T. 休斯的论文《维克塞尔根据事实》（载于《价值、资本与增长》，1968 年，J. N. 沃尔夫编，第 215—255 页）从历史背景的角度对维克塞尔的著作进行了讨论。

③ 是什么事情使他写了那篇论文，这确实是一个令人感兴趣的问题。他是一位哲学家，后转而研究历史。他的经济学论文不过是他研究生涯中的歇脚浮亭罢了。只有一件东西能为此提供一些线索，这就是他在一个相近的日期内（1749 年 4 月）写给孟德斯鸠的一封长信。值得注意的是，在他给孟德斯鸠著作所做的评注中，有相当一部分是与他后来在经济学中所提出的论点有关的。所以，很可能是《法的精神》中那些关于经济学的并不著名的章节，给了休谟刺激。

④ 据厄尔·汉密尔顿说（《美洲的金银与西班牙的价格革命》1934 年），西班牙的价格水平在 1550—1600 年期间提高了将近一倍，并在 1600 至 1650 年间又提高了 50%。与我们现在所经历的情况相比，即使我们以这些数字的表面价值为准，它们仍只表明了很缓慢的提高。维森斯·维维斯在《西班牙经济史》（普森斯顿，1969 年，第 380 页）中指出，西班牙的物价上涨看来很可能早在白银输入以前就已开始了。

⑤ 休谟《论文集》牛津大学版，第 294 页。

⑥ 为像以前那样将小数点化为整数，我们必须把 c 表示为 $e^{-\gamma}$。于是，在循环周期 N 所产生的收入是：

$$m\int_0^{N} e^{-\gamma t}\,dt = \left(\frac{m}{\gamma}\right)(1 - e^{-\gamma N})$$

从 N=nh 年到 N=(n+1)h 年新产生的收入是

$$\int_{nh}^{(n+1)h}(m/\gamma)(1-e^{-\gamma t})dt=(m/\gamma)[h-(1/\gamma)e^{-\gamma nh}(1-e^{-\gamma h})]$$

当 γ 接近于 0 时,极限是 $mh^2\left(n+\frac{1}{2}\right)$,与“无贮藏”情况下得到的结果一致。但是,如果 γ 不是 0,该极限总是小于(mh/γ)。当 γ 值小时,这个极限可能非常大,但它不随 n 增大。

⑦ 参见以下第 81—82 页。我们将看到,按照这个模式,闲置货币本身并不产生利息。

⑧ 记得休谟强调最初的扩张是实际的扩张,而不只是价格的提高。这样,预料最初的扩张会按传统的“加速”原理激发人们增加投资的愿望,不是没有道理的。

⑨ 如果在(金属)货币供给方面有一个潜在的扩张在起作用,复苏自然是较容易的。

⑩ 有趣的是,“循环”的某些症状,如以上所述的那些,已经能从西班牙的白银历史中得到辨别。这一历史我们已在上面提到了。这些事件发生在银行普遍出现之前,但那时资本市场已经存在,虽然它必定是十分不发达的。

西班牙国王(菲利浦二世)是新白银的主要直接接受者,他不仅花费他所得到的银子,而且还凭靠将来的收入来借债。其实,他这样做有一个强烈的动机,因为他的“通常”税收的最重要来源(即现在的荷兰、比利时等低地国家)正是在白银供应加速的时候(大约 1560 年)受到了宗教动乱的威胁。因而,他的统治不时受到财政危机的困扰。这些困扰产生了严重的政治影响。第一次这样的危机发生在 1575 年。这时,他发现自己无钱向在荷兰维持秩序的军队支付军饷,因为他不能够再次借债。其结果是一次兵变(“西班牙怒潮”)。这一兵变导致了荷兰的第一次公开反叛。这是一次大灾难,但从那时以后,正如我们所预料的那样,出现了复苏。白银继续输入,因而经过一段时间后,流动性恢复了。但是,危机后来又重新出现了。第二次危机发生在 1596 年。这次危机使西班牙国王旨在恢复对荷兰统治的最有希望得逞的企图破灭了,结果是同意荷兰独立。

关于这些借款的某些详细情况,在维森斯·维维斯的书中已谈到。见前引著作第 348—351 页。

⑪ 我想起上世纪后半期的教科书。那时，至少在英国，这些规章制度正在被编辑成文（信用发行，准备率，等等）。关于货币理论的伟大古典作品是在这次编辑成文前写的。所以，这些作品较少带有那种机械呆板的性质（这是应该的）。一个突出的例证是约翰·斯图亚特·穆勒的《经济学原理》中关于《信用对价格的影响》那一章。我认为可以说，那一章与本文对古典理论所作的描述是相当一致的。毫无疑问，别人会议论说，我的这个描述太依附于凯恩斯了（特别是太依附于凯恩斯的《货币论》），以致不能准确地代表古典教义。但是，我认为穆勒著作的那一章所证明的事实正好与此相反。值得注意的是，我不需要利用（或几乎不需要利用）凯恩斯的储蓄与投资的概念。人们不一定要问借来的资金将作何种用途。菲利浦二世的军队，与19世纪的铁路建设，从货币的角度看是完全相同的。

⑫ 请注意，关于利息与周期的这种观点与我们在这里阐述的货币数量论是完全一致的。货币市场的银根“紧”与“松”仍可由硬币储备的稀缺与充足来说明。

⑬ 参看他关于利息与商品价格的论文（见上文第64页和本文第87页）；他在《讲义》中关于周期波动所说的话，证明了这一点（见下面第87页）。

⑭ 参看前文第32页。

⑮ 1929—1930年林达尔用瑞典文发表的论文，已翻译收录在他的《对货币与资本理论的研究》（1939年）中。米尔达尔在1933年用德文发表的论文已翻译成《货币的均衡》一书（1939年）。在我自己的许多著作中，如1939年的《价值与资本》和1965年的《资本与增长》第六章，我一直步他们的后尘。但是从那时起，我已经感到，当人们根据维克塞尔所处的历史背景来分析维克塞尔时，这样做是不十分恰当的。

⑯ 应当记住，维克塞尔在他的非货币理论中（如《讲义》第一卷）非常强调“最初”的投入既包括劳动，也包括土地。

⑰ 参看弗瑞希《动态经济学中的传播与冲动》（《纪念古斯塔夫·卡塞尔论文集》1933年）。请注意，弗瑞希这里谈到的是维克塞尔。

⑱ 所以，我对前面纠正的约翰·休斯的研究成果（我现在所谈的东西需大大归功于这一研究）的主要批评是：当他力图把实际利率与自然利率的学说应用于分析1892—1895年的不景气时，他并没有遵循维克塞尔。否则，他的研究是值得赞赏的。维克塞尔的学说一定含有这样的意思，

即在七十年代以后的整个时期内,利息率变化方面的迟延加深了那段时期的萧条。但是这与认为某一特定的萧条能通过运用较好的利率政策来医治的观点是不同的。然而休斯则好像是这样来解释维克塞尔的。

⑲ 那些记得维克塞尔所考虑的那个年代(那整整二十年,曾被同时代人看作是萧条年代)的英国经济学家(与历史学家)们不难推断,在那些年中,一定有一个维克塞尔式的差异。但是这个差异显然根本没有被维克塞尔自己的材料所证实。上面引证的那篇文章把他的理论的实际意义(按他自己的看法)陈述得最清楚不过了。在这篇论文中,他把两套连续的价格指数(批发价格指数,这种当时唯一能得到的物价指数)放在同一幅图表上。一套是英国的著名的沙尔贝克指数,另一套是德国的汉堡物价指数。德国的指数同英国的指数一样地迅速下降,或许还更快一点。但这时是德国工业扩张的伟大年代。至少在德国,物价下跌好像并没有造成多大障碍。工业的领导地位那时正从英国转到德国(当然还转到美国)。所以,英国工业的相对萧条,似乎一点也不令人惊奇。这一萧条对世界经济来说,并不构成一种失衡的征兆。

⑳ 参见《货币的均衡》(上面已引用)。虽然米尔达尔的书在凯恩斯的《通论》发表前就已用德文写成和出版,但是有趣的是,直到这本书的英译本在 1939 年出版后,凯恩斯才读到它。(卡恩:1974 年)

㉑ 参看《利息与物价》。

㉒ 参看《通论》第 242 页。

㉓ 当然,这与政治家或行政官员说的充分就业是不同的。把它们混淆起来对凯恩斯是十分不公道的。但他使用如此容易动感情的一个词却招致了误解。使用“非自愿失业”这一词并没有使情况好转。

㉔ 想一想《货币论》中的“工业流通”。

㉕ 我还记得,1929 年华尔街暴涨时,人们猜想货币被搁死了。

㉖ 这里并不是说货币供给必须保持不变,而是说,货币供给的变动方式,是由外部决定的。

㉗ 见《通论》第 292 页以下。

㉘ 也许值得注意的是,我们不必假定工资沿着 FF′直线上升。当然,如果固定的毛利额保持不变,那么,这种情况确实会发生。但是,这并不是价格沿 FF′线提高的必要条件。只要产量 Q 已达到最大限度,PQ 的进一步增长就必定会提高价格。无论增加的货币价值如何在劳动收入与别

的收入之间分配，结果都一定是这样。

㉙ 考虑到在高失业情况下，生产率可能比在失业较低时要低，而毛利则可能要高，人们便能进一步修正这条供给曲线。这会使供给曲线从水平线段上的某个部位向下倾斜。但这不会妨碍随后向上转折。凯恩斯自己未做这种修正，但这种修正与他的一般研究方法并不矛盾。

不过，应记住，这条供给曲线上的各点代表各个可供选择的均衡。可以设想，这些均衡能在大致同一时间内达到。因而，如果人们在实际生活中看到在一个时期与另一时期之间就业增加，而价格下降，人们不能因此推断说，这条曲线的向下倾斜的部位已呈现出来了。价格的下降可能是由成本的下降，或毛利的下降，或由别的原因引起的，而不一定是由这条曲线所描绘的那些因素引起的。

㉚ 见《凯恩斯先生与古典学派》(《经济计量学》1937 年)一文的最后一句话。《评论集》重印那篇文章时，我删去了这句话，因为我不想坚持这句话的明显含义。根据现在的讨论，这句话有了更明确的含义。所以，我现在准备坚持用这一句话。

㉛ 参看下面《霍特里》一章中的有关论点，第 133—134 页。

㉜ 更严格地说，这一运动提高了 p＋a，因为 PQ 的增长率等于 P 的增长率加上 Q 的增长率。

㉝ 我并没有排除下述可能性的意思，即通过改组这一措施(这并不是一项简单的扩张措施)，增长率可以增加到 FF′以外。然而，这些不是我们现在关心的问题。

我也不想排除另一种可能性，或者确实可以说是盖然性，即扩张的措施可能被采用到效率递减的程度。这可以在图上表示为使这条曲线在接近 FF′的时候向后转折，而不是向 FF′延伸，或成为 FF′的渐近线。可是，就我的论点而言，我们不用多加讨论这种可能性。

㉞ 卡尔多经常这样提醒我们。

㉟ 日本具有异常高的增长率，是发展迅速的国家的最突出的典型。六十年代，日本物价上涨得十分罕见，可是日元仍然异常坚挺。

㊱ 用数学形式表述这种关系也许是有益的。我以发展缓慢的国家为例，假定它有一个逆差。下面的分析，只要变一下数学符号就能推广应用于发展迅速的国家。

把该国国际商品的产量写作 Q_i，国内商品的产量写作 Q_d。设国际商品每单位的成本是 C_i，国内商品每单位的成本是 C_d，那么，该国生产要素的总收入是 $C_iQ_i+C_dQ_d$。

设这两类商品每单位的价格是 P_i 和 P_d（下面将看到，我们必须把它们区别开来），这样，该国总产品的市场价值是 $P_iQ_i+P_dQ_d$。

用 B 代表净进口额（进口的资金是靠国际收支逆差提供的）。我们可以设想进口的是国际贸易商品，其价格是 P_i。这样，该国的总支出是（我们不必区分消费支出与投资支出）：$P_i(Q_i+B)+P_dQ_d$，而且总支出应该等于总收入。

假定 $P_d=C_d$，那么，$P_i(Q_i+B)=C_iQ_i$。因此，$C_i>P_i$。在赤字国家的国际商品生产中存在着亏损（这种亏损可能用补助金资助或靠别的什么方法；到底怎样补贴这个亏损无关紧要）。B 的正数值使该赤字国家的 C_i 继续大于 P_i。如果 C_d 随 C_i 变动（通过各部门之间要素的转移或别的途径），那么，总的价格水平（它是 P_i 和 $P_d(=C_d)$ 的平均值）会跟着 P_i 提高。

同样的论证表明有盈余的国家的总价格水平（相对于 P_i 而言）会降低。因此，在固定汇率的条件下，国际收支平衡中的失衡会缩小价格之间的差距。同时（如上所述），失衡也促进 P_i 提高，从而同样通过上述途径减少对赤字国家的压力。

㊲ 英国？澳大利亚？

㊳ M 点是否能达到，当然得由初级产品方面的限制是否严重来决定。

㊴ 这里在各部门之间所作的区别与我在赫尔辛基演讲（1973 年《凯恩斯经济学的危机》）时，对固定价格市场与弹性价格市场所作的区别是类似的。但是，由于后者是短期的区别，与存货储备有关，而这里讲的是长期的区别，因此两者并不完全相同。

㊵ 这里不必排除，当然，也不应排除，在初级产品市场上存在垄断活动的可能性，例如石油卡特尔。

㊶ 关于这件事确实有个历史问题值得考察。在以前，比如说在十九世纪，显然发生过这样的情况，即在某些年头，由于歉收，生活费用有明显的提高。但那时并未出现生活费用提高导致货币工资提高的现象。这在一定的程度上，可能是由于这样的物价上涨被看作是暂时的现象。况且当时物价提高的原因也是很明显的。可是，发生上述现象的原因更可能是由于在社会舆论方面出现了一个长期的、更倾向于“社会主义”的变革。

假如后面的这一解释是对的，那么，两次世界大战就成了决定性的催化剂。就英国的情况而言，工资指数似乎是在第一次世界大战期间开始出现的。

假使社会主义的价值观真的影响到劳动市场的活动，那这也决不是出人意料的事。然而，如果社会主义的价值观确在劳动市场上起了重要的作用，那么，难道它对别的市场就没有影响？这里，我们不仅想到公共部门，而且也想到准公共部门。这些部门的雇主由于受政治支配，而不能不考虑到这类问题。这些社会主义的价值观念在私营工业中，也决不是没有影响的。阿瑟·奥肯已经探讨了这种影响存在的可能性(《通货膨胀、它的机制和福利代价》布鲁金斯学会 1975 年)。他应用的部门分类和这里用的很相似。他把他所说的供求市场叫做拍卖市场，把成本市场价格的市场叫做“顾客”市场，因为他认为这种市场的特征是，价格是以这样一种方式确定的，按照这一方式，它至少必须在生产者和顾客之间貌似公平。他指出鉴于由成本提高引起的物价上涨是能够向“顾客”“解释”的，而由需求增加引起的物价上涨却不能用同样的方式来向顾客解释，所以，上述价格决定方式便导致了成本定价法。在 1976 年 12 月澳大利亚《经济纪事》上，我发表了这篇文章的后半部分。在那个版本中，我对奥肯的这个论点很重视。我并不想收回我在那里说过的话。但是，我在这里并没有强调那个论点，因为我认为它对我在这里的论述不是十分重要的。

㊷ 参看第 113—114 页。

㊸ 我们知道，美国虽然不是发展特别迅速的国家，但按照我们的分类，它也不是一个净进口国家。因而美国并不是一个经历过特别紧张的国家。虽然美国像别的国家一样遭受了萧条的痛苦，但是，美国甚至能够利用萧条使它为恢复美元的关键货币地位起些作用。

㊹ 见本书第 40—56 页。

四、预期的通货膨胀*

我们已经习惯于把通货膨胀的原因分成两类。一类来自需求方面,另一类来自成本方面,即“需求拉上”与“成本推进”。我们已经知道,需求型通货膨胀可能伴随着(至少有一段时间)过度的充分就业,并且很可能至少在表面上伴随着产量的增加。另一方面,成本型通货膨胀本身则并不是一个促进因素,所以,它很可能伴随着低增长率。在1969年,无论是英国的情况,还是美国的情况,都不像是需求型通货膨胀。至少英国的情况可以很方便地用成本型通货膨胀的概念来分析。

实际上,对成本型通货膨胀的解释通常可以归结为一句话:即通货膨胀应归罪于工会的好斗性。但若如此推论下去,我们就不得不说,通货膨胀率的提高便是由于工会变得更加“好斗”的缘故了。为什么是这样呢?当然,在有些情况下,其原因是很明显的。如果实际工资下降,或习惯的提高工资的要求不能实现的话,那么,毫不奇怪,工会的“好斗性”就会增长。人们可以根据这种分析来解释许多事情的起因。

然而,做交易要有两个方面,即便工资谈判也是如此。劳方有理由进一步提出要求,但这不等于说客观环境就将是如此以致这种要求将被满足。还有必要说明雇主为什么心甘情愿地同意提高工资的原因。

在这个问题上，对货币方面的因素大加强调的做法，现在正变得时髦了。雇主怎么能搞到货币去支付增加的工资呢？如果雇主们知道他们不可能得到这些货币，他们就不会这样轻易让步。所以，对成本型通货膨胀有一个对策，那就是货币抑制。

我并不认为这个论点是能成立的。至少就这一简单的类型来说是这样，因为，当雇主同意提高工资时（由于工会“好斗性”的增长），他们肯定会预计到他们很快就能提高卖价来弥补成本的增加。当然在过渡期间，这样做还会使雇主们面临着财政上的问题，但这是一个有限的问题。即使在银根稍紧的形势下，它通常也可以用这个或那个方法对付过去。这并不是说，货币抑制不起作用。但是，除非货币抑制在其他方面也起作用，亦即除非它还限制商业活动的（实际的）规模，否则，货币抑制就未必能对这种具体情况有效。没有人怀疑，通过对信用实施激烈的冲击，通货膨胀就有可能被制止。但这样做的代价竟是那样高，以致政府（与银行家）历来只是在特别例外的情况下，才愿意考虑这样做。

然而，还有一种更难以捉摸的货币（或货币主义的）论点。企业家之所以有信心能在将来提高价格，是因为它们在过去已那么习惯于提价了。这种经验在多大程度上是可靠的，看看附表便能一目了然了。在那整整六年中，所有八个国家的物价一直在上涨：

有时它们每年只提高2%（但这是罕见的）。最通常的情况大约是3%。而且，最近在某些最严重的情况下，价格每年提高5%。假如人们延长这一表所估及的时间范围把五十年代也包括进去，那么，人们将看到大体相同的情形。某种速度（多半是相当适度的速度)的物价上涨已经成为正常的现象了。

每两年内,消费物价指数提高的百分比一览表 (%)

	1963—1965	1965—1967	1967—1969
英　国	9	6	11
美　国	4	6	11
法　国	7	6	12
德　国	7	4	5
意大利	10	7	5
比利时	10	7	6
瑞　典	12	8	6
加拿大	5	8	9

显然,人们现在十分普遍地预期物价将上涨。我并不是把预期简单地说成是盖洛普民意测验意义上的那种预测,像当一些人被问到今后五年内物价是否会提高时,他们可能作肯定的回答那样。毫无疑问,人们会这样回答。但是,大部分公众根据对物价上涨的预期来调整自己的行动,这一点更重要。有关这一点的确凿证据便是利息率所发生的变化。假如人们预测物价每年提高3%,那么,与物价稳定时期5%的利息率相比,8%的利息率对借款人来说,便不再是难于负担的了,而且对贷款人来说,也不再会有吸引力了。许多国家的利息率恰恰是以这种方式调整的。在物价相当稳定的往日,7%的银行利率就是一个危险的信号,但现在却是很惬意的(人们甚至可以大胆地说这是相当低的)。[①]

然而,必须防止用不恰当的算术方法来理解这种预期。这种预期并不只是说:人们一向认为物价水平是稳定的,但现在他们预期物价每年提高3%(或5%)。如果有一个关于涨价的特定预期,这时，人们坚信价格就涨这么多，不会更多，那么，这种预期就会对成本的提高起限制作用。在这个限度内，成本提高被看作是可以容忍的。所以，这种预期对防止物价上涨超过某个水平会（至少）有点作用。无疑，关于这一问题，还有其他一些方面没有谈到。例如，销售价格较大幅度的提高与少量变动相比，会使人觉得更危险。但是，由这个原因造成的约束是很缥缈的。总之，有一个涨价的预期，但它是一种不确定的预期。

因为预期是不确定的。所以，它很容易波动。虽然（经验证明）人们完全有可能使自己习惯于温和的物价上涨，即物价在长时期内持续地按大体相同的速度上涨，但是，如果出现了引起物价加速上涨的变化（即使是暂时的），那么，这种加速上涨就会引起人们对通货膨胀的进一步预期，从而成为使通货膨胀进一步发展的一个独立的原因。

在对通货膨胀所作的上述诊断中，人们是附和货币主义者的（例如米尔顿·弗里德曼教授及其同伴）。货币主义者想找到能赖以作出价格预期的更可靠的根据，对他们的这一愿望，人们确实可以大力支持。能在企业计划阶段对预期的价格变动有某种把握，这确是一件非常值得向往的事。人们对货币主义者企图达到的目标是同意的，然而，人们对他们为达到目标所选择的方法则表示怀疑。

人们可以同意，在一个保持着（某种意义上的）货币稳定，并且是足够长期地保持着这种稳定，以致人们对货币的持续稳定抱有信心的世界里，会有一定的货币数量，这货币数量能根据这一世界的情况自动调节，或由人来调节。也就是说它将按照相当有规则的方式变化(很可能是增加)。(该货币数量究竟怎样计量，则是另一个问题。也许，在具有不同的货币制度的国家里，必须用不同的方法来计量。)但是，这与断言说控制货币数量就是保证达到货币稳定的**充足**条件，则是两码事。这后一种说法认为如果控制了货币数量，人们便能使货币数量按它在货币稳定时所采用的那种运转方式运转下去。但是，人们追求的货币稳定是一种心理状态，它是不能靠这种机械措施达到的，当然，更不能仅仅依靠这种措施来达到。

我确实可以想象，在某个世界里，商人(与工会会员)如此深受弗里德曼教授的原理的影响，以致他们从一项公开宣布了的控制货币数量的规则性政策中，推论得出了弗里德曼希望他们得出的结论。同时，设政府(或者也可能是一个独立于政府之外的银行体系)对这个世界也是同样虔诚的。那么，这样一个世界很可能将按照弗里德曼所希望的方式来运转。但是我并不认为这就是我们的世界，当然更不是大西洋这边的世界。在我们的世界里，要恢复货币的稳定性，要恢复对货币稳定的信心，肯定是一件极为复杂的工作。

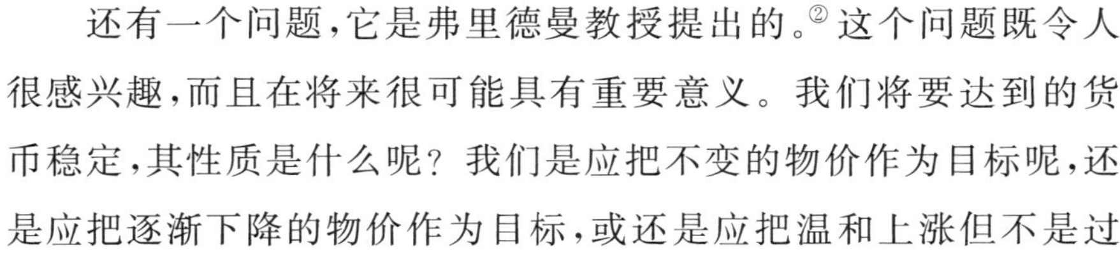

还有一个问题，它是弗里德曼教授提出的。[2]这个问题既令人很感兴趣，而且在将来很可能具有重要意义。我们将要达到的货币稳定，其性质是什么呢？我们是应把不变的物价作为目标呢，还是应把逐渐下降的物价作为目标，或还是应把温和上涨但不是过分上涨的物价作为目标？无论选择哪个目标，要达到它都是够困难的。但是如果人们对想要达到的目标毫无概念，人们就不能指望有所前进。

货币稳定的传统含义是物价不变。在凯恩斯主义以前的时代（那时这些问题被看作是有重要意义的，现在它们又重新变得重要了），我们经常听说，货币政策的目标就是要保证货币价值不变。但是，如果人们问为什么货币价值保持不变是合乎需要的，答复则是：主要是为了契约的安全可靠。丹尼斯·罗伯逊写道："我们的经济秩序，主要是建立在契约制度的基础上的，也就是说，它是建立在如下的事实基础上的：人们相互间达成各种自愿的，但是有约束力的协议，来完成今后时期的某种活动，以换得一定报酬，而这一报酬是在此时此地以货币来规定的。货币价值激烈的或持续的变动会破坏信任。而人们正是根据这种信任来作出或接受上述许诺的。"[③]这是一个重要的论点，理应受到重视。但这个论点本身并不是赞成货币价值不变的理由。这个论点主张货币价值的稳定性与可靠性。倘若人们习惯于每年提高3%，并且他们相信这种情况大概会持续下去，那么，他们就能相应地调整他们的契约。事实上，我们已经看到人们在这样做了。所以，当问题的性质是在一种货币稳定与另一种货币稳定之间进行选择时，关于保持货币的稳定是为了契约的安全可靠的旧论点是没有多少用处的。

在货币价值下降的速度被完全预料到，并且被充分估计到的情况下，货币价值不变或降低难道在事实上还会对经济活动有什么影响吗？如果人们对自己关于经济能完美地调节的假定是彻底的，那么，便很难看出有什么影响。如果通货膨胀能真正被充分估计到,那么通货膨胀本身则似乎无关紧要。

即使在这样严密考察之后,经济学家们又想到一条理由来说明为什么较低的通货膨胀应当比较高的通货膨胀更可取。就我来说,只要通货膨胀率是温和的,我就不能把那条理由看作是一条很有说服力的理由。诚然,在通货膨胀最厉害的情况下,由于保存正在贬值的货币而造成的价值损失成了一个需要考虑的重要问题,所以,人们一接到货币,就会设法尽快地易手。货币丧失了它的价值贮藏职能,结果迫使人们用别的方式来满足他们对"方便与安全"的需要,即用必然是不方便的方式来保存他们的资财。人们可以承认,在通货膨胀最厉害的情况下,甚至在人们相当正确地预见到货币贬值的情况下,这种情况也可能发生。人们也可以承认,这样蒙受的损失是一种名副其实的损失。它当然是一种"经济福利"的损失,而且完全有可能是一种会在某种程度上反映到产量上的损失。如果人们不得不用更麻烦的方式来满足对方便的需要,那么,人们就得作出牺牲。人们将不得不在非生产活动中浪费时间,而这本来是可以避免的。

在通货膨胀严重的时候,上述情况确实发生了。并且在当时,这是有重要意义的。但在较温和的通货膨胀的情况下,在不存在"逃避钞票"的问题时,如果再认为上述情况有很大的意义,那就难于令人信服了(即使在研究了弗里德曼的经济计量学后)。上述情况实在无法使人们认为它是一条有说服力的理由,来证明每年3%的通货膨胀比5%通货膨胀更为可取。然而,我认为,确有一条有说服力的理由,但它(至少在一定程度上)具有不同的性质。

现在,人们认为通货膨胀是预期的,这是正确的。但是,去假定预期是不变的，那则是错误的。人们对通货膨胀患了一种精神分裂症。在他们的部分行为中（尤其是在他们的投资行为中），他们显得很重视通货膨胀，但在其他行为方面，他们则照常办事，好像他们预期价格将保持稳定似的。商业习惯与个人习惯都是以价格稳定这一假定为根据的，这些习惯势力非常强大，不易打破。其实，这也不只是一个习惯问题（例如，我们经常听人说，家务管理所用的货币的分配，是一个最直接地受通货膨胀危害的方面）而且还是一个制度问题。会计制度，税收制度，甚至一般法律制度，都是以货币价值稳定这个假定为基础的。如果货币价值真是易变的，这些制度就会歪曲变形。会计的“利润”不再是真正的利润，征课的税收也与原先的打算不同，法院的罚款、罚金以及法院判给的赔偿费也丧失了它们原有的作用。当然，这些问题经过一段时间都能由立法加以纠正。但这必须把那些早已被看作是议定了的问题重讨论一番。要重新讨论这些问题，就得浪费时间。与因持有“太少”的货币余额而引起的时间与精力的浪费相比，这样的浪费要严重得多。

人们必须区别通货膨胀对不同类型的市场的影响，以及通货膨胀对不同类型的交易的影响。例如，对于经济学家们在他们的模式中所喜欢的“完全”竞争市场来说通货膨胀不一定有什么损害。这种市场上的商人能够在他们做的每笔交易中，考虑到通货膨胀的前景。给这种市场造成的唯一的实际损失，是弗里德曼所说的“方便与安全”的损失，即因货币余额的实际价值的预期下降而引起的损失。但在实际上，只有金融市场才近似这种类型的市场。我们知道，在这种市场上，对通货膨胀的预期是可以被估计的。“不完全”竞争的市场是金融市场以外的其余经济部门的典型情况。在这类市场上，问题就不是那么简单了。在那里，价格必须由人来“决定”，而不只是由供求“决定”。如果价格在很大程度上可以按先例来决定，如果人们在定价时可以从这种假定出发，即以前可以接受的价格现在还是可以接受的，那么，价格就能很容易地得到制定，并制定得似乎使有关当事人都感到满意(因为它好像是公平合理的)。如果价格大体上是相当稳定的，那么，定价通常是相当容易的。在这样的交易中形成的价格，按经济学家的观点看来，也许是不“理想的”。但花时间，伤脑筋地“改进”这种价格是完全不值得的。在持续通货膨胀的情况下，人们被迫重新定价，并且被迫经常不断地重新定价。这就包含着损失，既有直接的经济损失，也(经常)有情绪上的损失。

上述分析对劳动市场，当然是特别重要的。但这决不是说上述分析只适用于劳动市场。任何价格体制(如铁路运费体制，它和工资率体制一样)必须符合经济效果的原则和公平的原则。要使这些原则一致是困难的。但是，如果这种价格体制在某种程度上受到习惯的认可，即如果这种体制不是经常地被彻底破坏的话，那么，协调这两个原则必定是比较容易的。

我认为，这就是为什么应把通货膨胀率(即使它是稳定的，即使它是“预期的”)控制在很有节制的水平上的主要理由。但我们未必能根据这条理由来下结论说：很有节制的物价上涨率(例如每年百分之二或三)是不可取的，虽然人们可以预料到，按照上述观点，各个国家的不同的经济与社会条件，会对价格波动规定不同的可容忍的界限。人们甚至可以承认低通货膨胀率可能在实际上

（至少有时是如此）是有利的。例如，它便于调整相对工资（从效率的观点看，这或许是合乎需要的），而不至于在实际上引起任何人的货币工资的下降。但这一好处本身，就其确是好处来说，则依赖于人们对货币的价值的某种信心。所以，只有在低度通货膨胀的条件下，它才可能有意义。当通货膨胀可被觉察到时，这一好处必定被刚才叙述过的后果所超过。

这些在不断修改制度和准制度的过程中出现的时间与情绪上的损失，正是我们目前正在经受的高度通货膨胀应该承担的主要罪责。劳工动乱只是一个突出的例子，但不是唯一的例子。就此而言，在金融市场上对货币所具有的价值贮藏职能丧失信心而带来的不方便，确实是一个比较次要的问题。

然而，我承认，在今天，与这种丧失信心相类似的某些东西已被人们觉察到了。弗里德曼可能把这样的丧失信心看作是他的效应的一种特殊情况，尽管它是“不完全竞争”市场上的通货膨胀的一个效应。我认为，丧失信心远不如上面所说的效应重要，但也不应被忽略。

如果人们考察一个厂商的“某个时刻”的资产负债表，则人们通常会发现，在资产一面，不仅有一些货币不产生利息，而且有一些债务（别人所欠的）也没有索取利息。如果人们问起，为什么这个厂商愿意持有这种债权，回答肯定是：这和为什么持有货币一样，是一个方便问题。老主顾所欠的债务是不应孤立地看待的，它是顾客与供应厂商之间的经常往来的一部分，保持这种关系对双方都方便，从而对双方都有利。通货膨胀对这种债务施加着压力，就同对持有货币施加着压力一样。当货币利息率偏高时（我们知道，在通货膨胀稳定时期，利率必定是偏高的），未清偿的债务所包含的利息损失就更加严重了。因此，不怕麻烦及时收回欠账，对欠债人施加压力，便成了有利可图的事情。如果利率不偏高，则不必施加这种压力。在施加这种压力时，也造成实际损失，这可用劳动时间来计量。而且，由于欠债人出于同样理由尽力拖延还债，因而不难理解，这种损失可能是相当大的。

我们已经习惯于把信用收缩看作是旨在制止或压低通货膨胀率的一种暂时措施。可是，这似乎表明，如果要使通货膨胀率保持稳定，使它稳定在很温和的水平上，就必须采取某种具有信用收缩性质的措施，并且不仅仅是例外地采取这种措施，而是自始至终地采取这种措施。

附　注

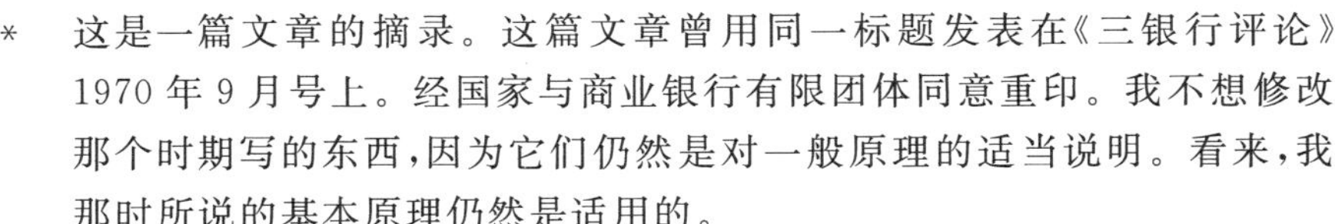

* 这是一篇文章的摘录。这篇文章曾用同一标题发表在《三银行评论》1970 年 9 月号上。经国家与商业银行有限团体同意重印。我不想修改那个时期写的东西，因为它们仍然是对一般原理的适当说明。看来，我那时所说的基本原理仍然是适用的。

① (7－5＝2)。

② 见他写的《最优货币数量》(1969 年)一书。

③ D. H. 罗伯逊：《论货币》第 13 页(1928 年版)。

五、霍特里*

这篇文章旨在讨论一位杰出的经济学家[①]的著作中的某些问题。这位经济学家在二十年代和三十年代的货币理论革命中,曾发挥了重要的作用。在大多数人的心目中,这次革命特别是和凯恩斯的名字联系在一起的。和凯恩斯同时代的还有其他一些人,例如庇古、罗伯逊等。虽然在《通论》中,这些人显得好像只不过是多余的伙伴,但他们也都在某种程度上和货币理论的革命联系在一起。人们只要读一读《通论》(1936 年版)就会看到这点。然而,如果回过头来去读《货币论》(1930 年版)(为了充分理解《通论》,读《货币论》是十分必要的),人们就会发现庇古和罗伯逊在《通论》中所扮演的角色,霍特里在《货币论》中也扮演了。我认为,有关货币理论革命的往事,要从霍特里讲起(下面只谈发生在英国的事,因为在这篇文章中,我把发生在瑞典的事撇在一边了[②])。

霍特里的《通货与信用》发表于 1919 年。它比凯恩斯写的任何一本"新"货币理论的著作都要早。在二十年代剑桥大学的荣誉学位考试中,它是货币理论的权威著作。[③]因此,很自然地,《货币论》的很大一部分采取了和霍特里答辩的形式。这一答辩所涉及的即是凯恩斯和霍特里有分歧的问题。我们很快便会谈到这些分歧,不过,在谈到他们之间的分歧以前,我们必须首先强调指出他们俩在最根本的问题上是一致的。争论在世界范围内展开时(在开始争论时,它只局限在英国),自由市场体制并非是自动调节的这一教义是有待逾越的主要障碍。根据人们所读的许多著名的新书来判断,这仍然是一个主要的障碍。对那些仅仅读过《通论》及追随《通论》的著作而获得“新经济学”知识的读者来说,“资本主义的不稳定性”(货币的不稳定性)是典型的凯恩斯的教义。并且对他们中的某些人来说,这是凯恩斯特有的教义。然而,事实上,它根本不是凯恩斯特有的教义。与霍特里的《通货与信用》的第一章相比(这一章用了一个挑逗性的标题:《没有货币的信用》),凯恩斯并没有把这个问题表述得更好些。霍特里直接从纯信用体制开始,在这个体制里,交换媒介只不过是一种债务(或信用),银行家就是债务商。债务必须用计账单位来表示,但除了通过记忆外,没有什么东西可用来测定计账单位的价值。这些记忆使人们能根据昨天的价格来侧定今天的经济活动。然而,正如霍特里所指出的那样,这样做虽然防止了价格的完全无规律的变动,但防止不了价格向这个方向或那个方向连续滑动。

人们一直在讨论怎样才能避开上面这一关键性的原理,但我不想让自己陷入这样一种讨论。我只将相当直截了当地说明为什么必须拒绝避开上述这一关键性原理的理由。确实,价格的普遍变动包含着实际购买力的转移,即从债务人转给债权人,或从债权人转给债务人。并且,如果人们仅仅考察通货膨胀对储蓄的影响,则可以推断,实际购买力的转移将起稳定的作用。但这决不是必须加以考虑的唯一作用。“财富效应”之所以被看作是一个充分的稳定因素,只是因为价格变动的“心理”效应被忽略了。一旦价格变动的速度快到足以使人们去对未来的价格变动作出推动时，人们对将来价格的预期就不是根据现时的价格，而是根据价格一贯变动的方式了。这时，一种不稳定的力量就开始发生作用。这种不稳定的力量，必然压倒微弱得多的“财富效应”的稳定力量。这就是不稳定的基本原因。

虽然霍特里从纯信用体系开始（该体系具有这种内在的不稳定性），但他接着又借引入“硬币”来修改这个体系。这种硬币虽然只是作为一个可能的稳定因素，但我确信，这是处理这个问题的好办法。自由市场经济不一定要用硬币，而且，事实上，长期以来，货币制度已越来越接近于纯信用体制。这种接近并不只是由于政治上的原因，甚至也不主要是由于政治上的原因。用较廉价的支付手段代替较昂贵的支付手段是市场经济的一种自然发展。只要这种发展没有被中断，它就会朝这个方向前进。要阻止这种发展，困难也很多。事实上，金属货币已经从国内流通中消失，甚至在国际交易中，它也正在消失。人类通过控制某种（或某几种）货币数量来创造一种“硬通货”代用品的努力，不断被人类发明其他花样的货币的智慧击败。虽然（特别在开头）霍特里和凯恩斯常常显得动摇，但他们俩认为，他们所讨论的体制并没有自动的稳定因素。这个看法无疑是正确的。这个体制必须靠政策来加以稳定。

可是靠什么政策呢？靠什么政策手段呢？当然，现在我们已涉及凯恩斯与霍特里之间的分歧所在了。这种分歧比人们通常注意到的要复杂得多。从头到尾考察这个分歧的历史可能是有益的，因为这样做会很有启发。

霍特里与凯恩斯是从这个共同点出发的，即他们不仅都认为需要政策，而且一致认为这种政策手段就是利息率，或者说“信贷条件”这种利息率直接地或间接地由中央银行来决定。但这是何种利率呢？霍特里的教义是，银行的贷款条件对贸易与工业的活动有直接的影响。由于要花更多的钱来支付信用借贷，商人们就会设法减少他们的存货，故乐于少买多卖。凯恩斯从一开始（或者说，至少从1930年《货币论》发表时）就否定了霍特里的上述看法。他认为霍特里这样看问题太简单了。他用另一个由长期利率来发挥作用的机制代替了霍特里的银行贷款条件（或者说凯恩斯用这种代替来开始他的论述）。银行贷款条件的变化影响长期利率，亦即影响商业能够增加长期资本的条件。只有通过这个迂回的途径，银行借款条件的变化才会影响工业活动。

我想在发生了所有这些情况和讲了所有这些话后，我们现在可以看到，从1930年以来，这两个人的观点（按它们被描述的或至少按它们被理解的那样来看待）的毛病都在于这些观点所指出的力量没有能足以承担它们的任务。下面是凯恩斯对霍特里的评论：

> 整个重点被放在商人与经纪人对流动商品（liquid goods）所作的某种特定的投资上。这种对流动商品的投资被认为对银行利率变化具有某种程度的敏感性。而事实上这种敏感性是不存在的。……他完全依赖于高利息引起商业成本增加这一点。他承认这些增加的成本太少，不会对制造商有什么重要的影响。但他又未经调查便假定说，这些增加的成本，确对商人有重要的影响。

……可是无论银行贷款的利率是5%还是6%,它对商人心理的影响与它对制造商心理的影响几乎差别不大。对商人的心理来说,更有影响的是他们所经营的商品的现在的和未来的扣除比率,以及他们对未来的价格变动所作的预期。(《货币论》第1卷第193—195页)

就算是这样,但凯恩斯自己所选择的机制不也是几乎一模一样吗?人们感到,在凯恩斯构思《通论》的年代,他依然是坚持他的机制的,因为这种机制已在他的理论结构中深深地打下了烙印。然而,人们猜想,在《通论》脱稿以前,这种机制就已在趋于消失了。在凯恩斯经济学的教学中,这种机制还一直留下了深刻的痕迹。但它对凯恩斯经济学的实际作用则影响不大。在《通论》发表后接着发生的争论中,这种机制显然成了一个受害者。

我想,就对英国经济学家的思想影响而言(我对自己如此保守感到遗憾;我有时甚至保守到按自己的原则来说不应保守到的程度,但我不知道怎样来加以克服),1938年发表的对牛津大学调查(关于利息率对商业决定的影响的调查)的回答简要(这是37位商人作的含糊回答)[④]是个转折点。但是,我认为霍特里对凯恩斯的机制作了更加有力的抨击。

霍特里对凯恩斯的“银行利率操纵办法”进行的抨击,是花了一些准备时间的。可是,当霍特里作出这一抨击时,它是强有力的。凯恩斯用来证实自己论点的经验资料仅仅是从短期资料中取得的,即从本世纪二十年代的资料中取得的。然而,霍特里能够证明,人们仅仅能从二十年代前半段时期内货币政策对长期利率的作用中（在世界大战刚结束后的艰难岁月里，英国的长期利率变化得特别反复无常）找到能足以给凯恩斯的机制予大力支持的证据。霍特里则对更长的时间作了考察。他在《一百年的银行利率》[5]中，深入探讨了英国从1844年到他写作时的全部经历（尽管这本书的题目狭窄，但在我看来，这是他写得最好的一本书）。他还钻研了银行利率（或任何短期利率）对长期利率所起的能足以证实凯恩斯论点的任何一点作用。但他没有发现多少蛛丝马迹。

> 总的说来，我认为我们可以推断，银行利率与限制信用的措施很少影响统一公债的价格，即使有影响，影响的幅度也不会超过二到三磅音。而长期利息率每变化0.125%，则可能相当于利息为3%的证券的价格发生四磅音的变化。
>
> 于是，从理论上看和从长期看，即使小于0.125%的长期利息率变化，也应该对资本支出量起它所能起的一定影响。……可是，实际上，预期收益并没有根据利息率来作出严格的调整……大多数的工业开发项目，在任何时候都有可能提供远远超过利息率的收益。除非投资发起人满意地感到他们所承办的项目能产生相当多的利润，并且从这一利润中只需扣除很少的一部分来作为所筹措到的资金的利息费用，否则，这些项目是不会被采纳的。（《一百年的银行利率》第170—171页）

在霍特里的以上论述中，有许多推测，还有许多在今天的经济

计量学看来，可能是很不成熟的东西。但是，这些反驳的论据（无论如何）看来是令人信服的。半斤八两，两人都一样，结果便为财政政策时代的到来扫清了道路。

然而，霍特里不愿意承认这就是事情的结局。我也倾向于同意他的看法。我认为有些道理现在仍然适用。我想继续探讨这个问题，以搞个水落石出。

《一百年的银行利率》主要抨击了凯恩斯的研究，但它也包括霍特里对自己的正面观点的重新表述。当我评论这本书[⑥]时，我把他在这方面提出的论点看作是“新的限制条件”，“使这个理论更便于接受”。霍特里不同意我这样的说法。他坚持说这些论点早已存在了。在他更早的著作中，他确曾提到过这些论点（如他在对我的评论所作的答复中所说的那样[⑦]）。但我仍然不认为他原先曾对这些论点作过类似的强调。那时，我不明白这些论点。而且，我确信，很多人那时跟我一样也不明白这些论点。举个突出的例子来说，那时显然连凯恩斯也不明白这些论点。

在题为《心理反应》那一节中，我们可以找到这些论点（《一百年的利息率》第 249 页以下）。我倒怀疑他在这一节中提出的第二个论点是否描述的恰当。它提醒人们借贷市场的不完全性。它指责经济学家通常做的假定是错误的，即按照一定的利率，债权人乐意贷出无限的数量，以致要借用多少完全由债务人自己决定。他提出这些问题是完全正确的，并且是完全中肯的。但是，他几乎没有必要去详述这个问题。或许我可以删掉他的这部分论述而单独谈谈他的第一个论点。

> 适度地提高"短期利息率",譬如1%,这样给商人增加的负担,无疑是很轻微的。可是,英格兰银行显然总是指望利息率提高1%到2%能起到可观的作用。……其道理是……当银行用利率限制信用成为一种确定的习惯时,商人们因知道银行的这种意图,会倾向于对银行利率未来的变动作出预期。当银行利率从3%提高到4%时,商人会推想,银行提高利率的目的是要对市场实行限制;如果这种限制现在还没有奏效,银行利率就一定会越提越高,直到奏效为止。抱这种观点的人就会限制他们自己的购买力,需求也就会降低。因而,4%的利息率可能被发现是足够有效的,尽管如没有商人的预期,6%或7%的利息率也许会是必要的。……
>
> 假如银行利率的效果取决于这种心理反应,则银行利率的效果将是不稳定的。因为如果人们不相信银行利率的变动方向的话,那么这种心理反应便不会再出现。但是,这种心理反应实际上只不过是加强了在任何情况下始终存在的某种趋势。假如这种心理反应不存在,那就意味着"银行利率必须进一步提高"。(前引书第279页以下)

正如读者可以看到的那样,霍特里在这本书中(并且确实常常在他的别的著作中),是作为经济史学家来进行写作的。他分析的对象是一个控制系统的活动。他认为这个控制体系是在某一特定时间的条件下起作用的。在他写作时,他的研究对象已一定(至少在一定程度上)成为过去的了。这种历史关联性可能限制了他的著作的影响。我对此感到遗憾。他的著作本来应当有更大的影响的。因为他特有的控制系统也是一个规范系统,是一个关于货币控制的操作系统的模式。这个模式可被用来说明某一堆特定的历史资料,这是它的力量所在。这使它成了一个与我们的许多理论模式不同的模式。

但是,在阐述这样一个理论时,如此强调历史应用很可能是不幸的,因为这样做分散了人们对该理论一般意义的注意力。结果,太多的注意力被集中到该理论的表面含义上,即银行利率发挥作用的主要途径是通过影响商人所持有的存货。的确,霍特里想到的是这样一种经济(依照他对他的理论所作的历史应用来看,这样想是合理的),在这种经济中,商人在相当完全的市场上(在许多场合下还包括期货市场)的交易占主要地位,以致这些商人持有存货的愿望如果发生变化,就会对工业发生广泛而深远的影响。我们可以承认,正是在这样的经济中,霍特里的控制系统才运转得最好。这样的经济确实是一个最雅致的经济形态。由于它的雅致,所以我们的许多教科书至今还把它写了进去。但它已不再是对现存经济的真实描述了。即使在三十年代,当霍特里与凯恩斯展开争论时,它也已经成为历史了。

我确信凯恩斯的下列认识是对的。凯恩斯认为,它所研究的是这样一种经济,在这种经济中,从事固定资本投资的倾向变化,作为一种经济波动的原因,比持有存货的愿望变化,更加重要。但这不等于说直接操纵人们就是否从事固定资本投资作出决定(至少在初期,凯恩斯认为对长期利率进行控制能起到这种操纵作用)是对经济实行控制的一个方便甚至是切实可行的方法。即使就固定资本投资而论,即使考虑到那些现已被大加讨论的任何投资计划的刚性,货币控制仍能被用来影响投资时机的选择。投资计划可能是互相联结的。有效地执行一项发展计划也需要它的各个环节间相互步调一致。然而,计划时间与日历表上的时间之间的联系,在某种程度上,也是有伸缩性的。几乎没有什么扩展计划,它们能在其**实施过程的某个阶段**中不依赖于银行信用的可得性,纵然它们的基金将主要靠企业自己保留的利润来筹集,或靠长期资本市场来筹集。在某个这样的阶段中,银行信用的便利,仍然可能影响到计划的时间安排。这种对时机问题的重要性的认识,在霍特里的模式中,正是通过对**短期**利率的强调来表达的。短期利率本身虽然是一个征兆,但并不是要害。要害还是信用的可得性问题,以及信用的可得性对预期的影响问题。

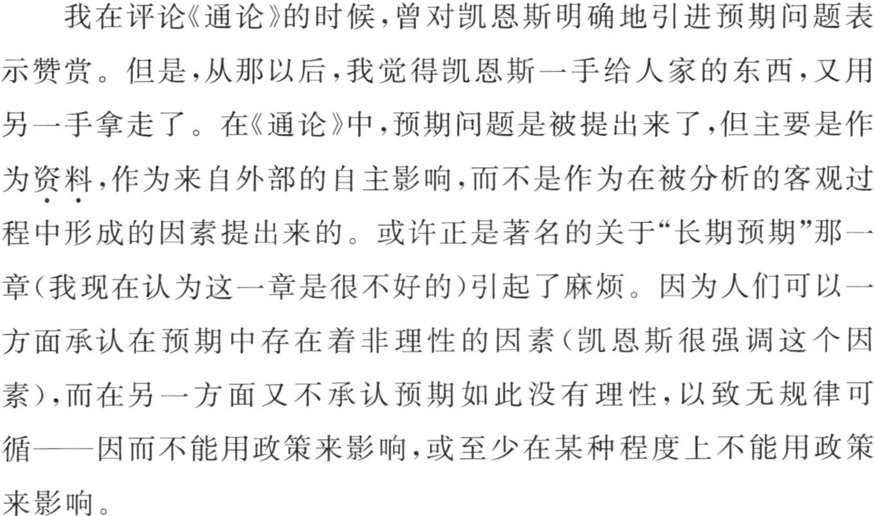

我在评论《通论》的时候,曾对凯恩斯明确地引进预期问题表示赞赏。但是,从那以后,我觉得凯恩斯一手给人家的东西,又用另一手拿走了。在《通论》中,预期问题是被提出来了,但主要是作为**资料**,作为来自外部的自主影响,而不是作为在被分析的客观过程中形成的因素提出来的。或许正是著名的关于"长期预期"那一章(我现在认为这一章是很不好的)引起了麻烦。因为人们可以一方面承认在预期中存在着非理性的因素(凯恩斯很强调这个因素),而在另一方面又不承认预期如此没有理性,以致无规律可循——因而不能用政策来影响,或至少在某种程度上不能用政策来影响。

我认为，在这方面，霍特里是非常卓越的。在他对银行利息率的“心理作用”的分析中（这不只是一种含糊的指示，而是分析），他看出任何货币理论应当包含的一个要素，而不管与这个货币理论相联系的机制是霍特里式的，或是任何其他人的。在我作出结论之前，我甚至想提议说霍特里的分析具有很广泛的意义。但在我讲述这个问题以前，我必须对霍特里的机制，再补充说几句。

根据霍特里的分析，中央银行能够（并看起来能够）采取决定性的行动这一点极为重要。按照他所说的来看，下述两类行动有天壤之别。一种行动旨在施加一种限制，所以，这种行动给人造成这样一种印象，即如果无效，这同一药物的剂量就会增加。另一种行动是完全相同的，但没有引起相同的预期。如果这种行动显得只不过是适应当前市场状况的一种调节，或如果这种行动给人的印象是，这是它在政治上最多能做到的，那么，这种完全相同的行动，也许是一种非决定性的行动。如果情况是能以决定性的架势来施加温和的压力，那么，一般说来，只需有温和的压力就可。但是，一旦人们对这种行动的决定性产生疑问，温和的压力就无效了。甚至，在其他场合被看作是激烈的行动可能这时也是无效的了。根据这种观点（现在回到历史应用上来），英格兰银行的国有化对霍特里体系是致命的一击。银行国有化被说成是无关紧要的事，但实际上它却关系重大，因为这使银行引起人们对其行动作出预期的能力在宪法上受到了限制，而这种预期以往一直是银行所依靠的靠山。如果决定性的行动此后还能采用的话，那也仅仅是在危机时才能采用。这时，本来可以防止危机产生的较温和的行

动，便受到妨碍而不能发挥其作用了。

我认为这确实说明了问题的部分真相，但它是一个不应被允许孤立存在的论点。可以按照霍特里的方式把一方面在1844—1875年期间，和另一方面在1875—1914年期间银行利息率变动幅度的缩小，解释成是市场在“学习”的一种迹象。但是，这同一利率变动幅度的缩小也可以被解释成是国际资本市场成长的结果。这种国际资本市场的成长使银行不能很自由地运用利息率政策。这时自由地运用利率政策的可能性受到了这种政策所带来的国际反响的严格限制。银行已经不再是经济学家所谓的“货币当局”了，它正在变成只不过是国际货币体制中的一个成员银行。当然，霍特里和凯恩斯都是承认这一点的。这大概就是使凯恩斯转向财政政策，把财政政策看作是单个国家的政府能够更自由地加以运用的控制工具的一个原因吧。我想人们能够看出霍特里则倾向于别的出路。给一国经济施加国际限制的，正是固定汇率。如果放弃固定汇率，银行就能恢复它的权威。一个其汇率自由变动，而国内的经济稳定是靠不懈地运用银行利率机制来维持的体制，在理论上是可以想象的，而且作为模式，也具有指导意义。但是，这种体制的运转似乎依赖于人们对某种正常的汇率保持信心。现时汇率只是或多或少地暂时背离正常的汇率。然而，要造成这样的信心，看来也不是件容易的事。

如果能够克服这个阻碍，人们就会看到霍特里的机制是起作用的，而且值得注意的是，它是在两方面起作用的。这是因为，与凯恩斯的体制相比，霍特里的体制（特别是当这个体制以上述方式修正后）较少受到那著名的利息率“下限”的困扰。这种困扰是由于凯恩斯热衷于研究长期利率而遗留给“现代”凯恩斯经济学的遗产之一。必须依据别的理由否定这种长期利率(正如前面已提到的那样)是一个合适的稳定因素。在霍特里的(修正了的)模式中,高银行利率会使汇率提高到正常水平以上。汇率的这种提高会增强高银行利率对经济活动的影响,并且对资本流入也是一种威慑。因为流入的资本虽然能赚到用当地货币计算的较高的利率,但它不得不预计到由于汇率提高而可能带来的损失。在相反的情况下,道理也是一样。低银行利率的作用会因汇率的向下波动(假设这也是暂时的)而得到加强。要是能够维持人们对正常汇率水平的信心,这个机制就行得通。

但我把你们带回到过去争论的老路上去的目的,并不是为了这一张特别的处方(你们将会看到,我并不像霍特里本人那样相信他的处方)。从这场争论中,我自己引出的结论是截然不同的。

我当然不认为老国王(银行利率)应该复辟,这不可能,也不合乎需要。我们现在是生活在利率国王的继承人政府预算的统治时期,人们必须承认这一点。但是,这种新的统治和旧的统治一样,也许不会长久。我们已经可以看到,暴风云正在它周围聚集起来。无疑,它具有旧时期所没有的优点。但它也放弃了旧时期的某些优点。这两者的优点难道不能在某种程度上重新结合起来吗?

有一个名为宣告效应(announcement effect)的术语。这个术语是庇古在他的论公共财政的一书中[8]发明的,可后来又让他搞糟了。现在,我很想应用这个术语。我不想按庇古那样去使用这个术语,而是按在我看来更为适当的方式去使用它。我想用一个政策法令的宣告效应来表示这一政策在公众心理上引起的变化。这是一种公众认为他们今后将面临的经济前景的变化是一种还没有来得及在各种交易中体现出来的变化。宣告效应与霍特里所谓的"心理效应"相同,但后者是一个不好的术语,因为它暗示着某些非理性的东西,而宣告效应则是完全合乎情理的。对未来的预期(完全合理的预期)是以现在可以得到的资料为根据的。一个政策法令(如果它是我所说的决定性的行动的话)是对现有资料的重要补充,所以,应当引起,而且几乎是立即引起预期的变动。这就是我所指的宣告效应的含义。

我从霍特里的分析中懂得了"古典"银行利率体制在它的宣告效应方面是强有力的,或者说可能是强有力的。根据这个看法,财政政策的作用,至少从至今得到的应用中看,要糟得多。由于遇到各种各样的议会的与行政的耽搁,财政政策常常执行得很慢。而且仅仅因为宣告与实施之间的距离容易被拉长这一点,财政政策就成为非决定性的了。财政政策还不止有这一个缺点。它的宣告效应也是不理想的,其原因正是因为它具有选择性,这一经常被人们说成是它的优点的选择性。选择性意味着复杂性,而能产生强大宣告效应的政策手段,首先要简单。人们长期公认财政政策作为一种信号是缺乏效率的。这是人们赞成搞"指示性计划"的一个理由。但是,一个计划作为一种有影响力的信号,与预算相比,要更加笨拙得多。政府宣布计划将被修订。但怎么修订呢?我们不得不拭目以待。

然而,我决不是认为银行利率,或某种和它相同的东西是唯一可能具有相当程度的宣告效力(announcement efficiency)的信号。

我确实认为，我们应该尽力寻找其他可能的信号。

在英国，五十年代中有一段时间，在那时，把标准的所得税率用作调节手段似乎是可能的。当然，它和“古典的”银行利率相比也许较为缺乏效率，但可以设想，它在某种程度上本来是可行的。不过，所得税具有分配方面的功能，这个功能理应被看作是最重要的。这个功能使所得税不断变化。它开始时是统一税率，后来主要按照一个参数决定的税率表，最后走向经常不断地修正的税率表。在这个税率表中，简单的决定性的变动不再是可能的了。在这一领域，选择性再次表明是宣告效力的敌人。

英国的公司所得税始于 1965 年，它是按统一税率征收的。因此，它可能适用于我所想的这个目的，并且有迹象表明，它也是被打算这样来用的。这种公司所得税原有上述的优点，但威尔逊政府在采用这一所得税时，却扔掉了旧的、统一比率的投资补助制度。统一比率的投资补助制度，作为一种控制手段，在宣告效应方面是很有希望的。它被有选择性的投资拨款制度代替了。投资拨款执行起来很武断，而且经常变，以致用它来取得宣告效应，其可能性几乎等于零。或许有一天，英国会恢复以前的投资补助制度。这样，用公司税作为一种调节措施的机会就可能好得多。

无论怎样普遍征收间接税，例如可以征收普遍销售税，或增值税，或就业税，看来都难于得到高度的宣告效力。它注定在这方面是无用的，因为它对预期的影响反常。一旦人们预期到税率提高，政府就会受到刺激而提前行动。反之也一样。我并不是说，这些措施不能起某种作用，而是说要把这些措施当作一种主要的手段来使用那是很困难的。

如果利息率(短期利息率)被适当地看作是信用放松和信用紧缩的象征,它便具有超过所有各种税收方法的优越性,因为它能选择时机,使宣告效应正好在它应该发挥作用的时候发挥作用。如果我们不能按照“古典的”方式来运用利息率,那么,我们就应当找出新的途径来运用它。

一个似乎值得探索的途径是用它来调节公共部门的投资支出。在霍特里的模式中,银行利率直接影响商人所持有的存货。这种由商人经营的部门被看作是经济的关键部门。一个有效的调节机制必须直接对经济的某个关键部门起作用。公共部门已在半社会主义的经济中成为一种一般的现象,因此,公共部门的投资支出似乎是一个很有希望的候补者。如果公共团体(在英国,包括地方当局,国有化的工业,及其他由政府资助的机关,例如大学)必须靠政府的银行贷款来筹措他们的投资支出的话,那么,银行可以按照可变的利息率向它们提供资金。这种利率和国际市场利率不必有固定的联系,还可以根据需要,要提高多少就提高多少。必要的话,它还可以是一个负数。但这样一种自由变动的利息率的存在将意味着(根据霍特里所说的道理)一旦人们获得这种信号,大起大落的变动是没有必要的。考虑到利息率对预期的影响(不仅影响公共部门内的预期,也影响到公共部门以外的预期),适度的变动就够了。

或许,这是一种梦想。我并不自称自己是政治可能性的裁判员。但是,我不害怕从我努力贯彻的思想中引出明显的教训。我认为我们一直关心的这个问题是个政治问题,甚至是个宪法问题,当然也是个经济问题。这种政策手段有技术经济方面的问题,但这种问题是和如何确保以决定性的方式来采用这种政策手段这一政治问题密切联系在一起的。据我看来，凯恩斯主义经济学拒绝正视这个问题，而货币主义者看到了这个问题，但没有正视它的政治含义。我自己想正视这个问题。我认为我们应当说货币调节是政府的主要职能。但是，我们应该强调，如果政府想以决定性的方式来行使这一职能的话，那它实际上必须在宪法上把它的这种职能与它的别的职能分离开来。我们要记住古人关于分权的教导。在秩序井然的国家里，司法职能被公认为是政府的一个职能，但这是一个最好得到分离的职能。政府的货币职能也是这样。货币职能是责任更加重大的职能，不能把它交给一伙商人(李嘉图用这个词来表示他对英格兰银行的蔑视)。不过，把这种货币职能与行政当局的经常性的财政活动混为一谈是有害的(凯恩斯主义把它搞混淆了)。在货币得到妥善管理的经济结构中，保持高度就业与稳定增长是行政当局职责范围内的事。但是，这些事现在被混在一起了。这是一场灾难。

附　　注

* 这是一篇稍加修改后的论文稿，它是在 1968 年举行的一次讨论会上提出来的。1969 年 8 月发表在《货币、信用与银行杂志》上(第 1 卷第 3 期)，其标题是《自动论者、霍特里主义者与凯恩斯主义者》。版权属于俄亥俄州立大学出版社。全部版权保留。

① 拉尔夫·霍特里爵士死于 1975 年，享年 93 岁。他在英国行政机构(财政部)的长期生涯开始于 1904 年。

② 参看上面第三篇论文中关于维克塞尔(和米尔达尔)的那部分。

③ 这是奥斯汀·鲁宾逊郑重其事地告诉我的。

④ P. W. S. 安德鲁斯和 J. E. 米德：《对利率效应问题的答复简要》(《牛津大

学经济论文集》1938 年第 1 集第 14—31 页)。

⑤ 伦敦:朗曼斯·格林:1939 年出版。

⑥ 《霍特里先生论银行利率与长期利率》,载《曼彻斯特经济学与社会学研究院》,1939 年第 10 期第 21—37 页。

⑦ 霍特里:《利息与银行利率》,上引书第 144—156 页。

⑧ A. C. 庇古:《公共财政研究》(伦敦:麦克米伦公司 1928 年版)。

六、往事与引证*

这是我个人的“凯恩斯革命”的经历（虽然我不是凯恩斯集团的成员），这段经历可以追溯到1936年以前。通过这段经历，我接触到了半凯恩斯主义的思想，这表现在我写的《简化货币理论的建议》一文里（写于1934年，发表于1935年2月《经济学》杂志上）。这段经历即使现在看来也是令人感兴趣的，因为这段经历与一些更新近的经济学家，例如帕廷金与莱荣霍夫德所走过的道路有联系。幸亏，我不必完全依靠不确切的记忆，因为我手头还有一些文件（信函之类）可以利用。下面我就利用这些文件。

从1929年秋天讲起吧。那时，我从牛津大学毕业才四年，在伦敦经济学院任青年讲师。我以为自己是个研究劳动的经济学家。当时，我已经写了我的《工资理论》中那些比较实用的章节。在牛津时，我没有学到多少一般经济理论。[①]不过，在伦敦经济学院任教的第一年，我已经开始补这门课了。然而，在那时，关于货币问题我还是一无所知。所以，当我听到证券市场崩溃的消息时，我不知道那是怎么一回事。

1929年10月，莱昂内尔·罗宾斯来伦敦经济学院当教授。于是，我的学习有了起色。我曾受过一些数学训练，所以，罗宾斯调我去讲经济学中那些能用上我的数学知识的部分。我学习的第一批成果是后来成为《工资理论》中关于替代弹性那一章的草稿，和一篇关于埃奇沃斯与马歇尔论劳动市场的论文。这篇论文在《经济学杂志》1930年6月号上发表。正是这篇文章使我开始成为一个经济理论家。

指定我讲授的题目是瓦尔拉与帕累托的一般均衡和风险理论。我在讲一般均衡论时也取得了一些成果。不过，其中大部分与这里要讲的无关。[②] 我正是通过对风险的研究才接触到了货币问题。

过了一段时间，我的风险理论讲课取得了第一个成果，即《不确定性理论与利润》一文，发表在1931年的《经济学》杂志上，这篇文章想必在1930年就已写好了，因为我有一封凯恩斯在1930年12月写给我的信。他代表《经济学杂志》退稿。我现在看那封信觉得很有趣。凯恩斯退稿的主要理由显然是由于他认为我已经得到过机会了，指我刚发表的关于埃奇沃斯的文章。不过，他还认为《不确定性理论与利润》这篇文章相当不成熟。事实上也确实如此。但是，他没有提出，他后来一定会提出的批评（而且我自己在事后也应该作出这样的批评），即我试图根据往来流动账户(current flow account)而不是根据资产负债表（本来应当如此）来看待不肯定情况下的选择问题。很自然，只要我这样做，我就不可能理解货币。[③]

凯恩斯写那封信的时间是1930年12月，正是这时他发表了《货币论》。我想该书一发表，我就读了它，或读了其中一部分。但可以肯定我当时看不大懂。在1931年，我主要忙于完成《工资理论》一书。这本书是作为庇古理论的应用开始的（也带点瓦尔拉的

理论)。可是,它后来涂上了哈耶克的色彩。因为1931年哈耶克来到伦敦经济学院。还在他前来当教授(10月份)以前,甚至在他作为来访学者(在2月份)来作《价格与生产》讲学之前,我们就已经在读“奥地利学派”了。哈耶克对我这本书的影响,就资本理论来说,决不是不利的。但是,在几处真的提到货币的地方,我头脑简单地接受了“货币中性”的概念(在这本书里有几处提到了货币)。[④]这旋即使我感到非常惭愧。

没有丹尼斯·罗伯逊的帮助,我就不能再前进一步。我在1930年夏天第一次见到了他。那时,他在伦敦经济学院宣读了一篇论文。不过,我和他真正相识是下一年9月在维也纳的见面。这次相识,完全是一次巧遇。那时,我在休假,我们一起去参加了诗歌会。从那以后,我们一直保持联系。对我来说与他的这一关系的最大的意义在于使我在伦敦经济学院的圈子以外,有一个人可以请教。从那些年起一直到后来,我与他的通信就有一大沓。这些信对我拼凑这一回忆有很大的帮助。

起初,所有通信,全是与《工资理论》有关的,因为碰巧麦克米伦出版公司向他征求是否应该出版该书的意见。我们之间良好的友谊使他不得不把这个内情告诉我。所以,他把他的一些评论寄给我。他说,在他看来他“十分不赞成这本书所表现的过分的学派教条”。他觉得这本书应当出版。在随评论一同寄来的信中,他写道:“当然,我认为你们全都对资本负积累(capital decumulation)爱不释手。”哈耶克这样做还情有可原,因为他住在没落的维也纳城。但你们其余的人,都住在伦敦以及伦敦附近各郡,故没有借口去这样做。在随后相当长的一段时间里,我们继续争论替代(或变动)问题。

于是,我在 1932 年中,完成了《工资理论》一书,接着又回过头来搞风险问题。几乎就在这时,情况有了变化。对风险问题的研究导致我后来写了《简化货币理论》一书。不过,那是两年以后的事了。在这之前,还有两个早期稿本可以找出。第二个稿本竟然真的发表在德文的《国民经济学杂志》上,标题为《均衡与繁荣》。它被排到 1933 年第 4 期,但实际上是在那年夏天发表的。[5] 第一个稿本则一直没有发表,但我还有一份底稿和丹尼斯对它的评论,其注明的日期是 1932 年 11 月 30 日。

如果我把第一稿的前几页读出来(不是最后部分),你们也许会觉得有趣。但最后部分则越了轨。自然,正如丹尼斯所指出的,它很不像样(对这些不像样的地方后来在德文稿本中作了修正)。

> 在几乎所有的现代商业周期理论中,最基本的学说是“信用所固有的不稳定性”的学说。在英国,我们特别把这个学说和霍特里先生联系起来。我接受这个学说。但我想指出,它只是一个更一般的命题中的个别情况罢了(虽然无疑地是一个最重要的情况)。这个命题是:**货币的使用与经济均衡是不一致的**。
>
> 在具体运用时,我的概括对霍特里先生没有什么直接的补充。但是我认为我的概括间接地给他以很多补充,因为这种概括指明了一条新的研究途径。
>
> 我首先必须说明,我是在最广义的和最现代的意义上使用均衡这个概念的。均衡这个概念自从埃奇沃斯引

入“重订契约”这一概念，使它第一次得到精确的表述以来，至今已经历了长期的变化。这样，它就特指一种市场情况，在那里，买者与卖者按同一价格不断地进行买卖，因为没有人有改变现状的动机。帕累托把这种市场类型广义化(或许是很草率地)用它去解释整个经济制度。

帕累托自己的体系是不充分的，因为这个体系太不注意一个明显的事实，即人们现在的活动是受他们对未来情况的预期影响的。从现代意义来说，一个充分均衡的模式(奈特教授详细阐述了这种模式的意义，哈耶克教授也独立地阐述了它)，既要考虑到现期价格对经济活动的影响，同时也要考虑到未来价格对经济活动的影响。

而且，这个新近的延伸使帕累托体系中那个不实际的、最令人不快的假定成为不必要的了。这个假定便是关于经济资料(爱好、知识、资本等)保持不变的假定。在一个变化的世界中，我们可以有均衡。达到这种均衡的条件是完全实现预见。人类总是这样活动着，以致他们进行经济活动所依据的价格(现在的和将来的)竟然被实现。不均衡表现为预期的落空。

当然，现在很明显，由于人类对经济资料未来变化的无知(更由于人类对这些变化的后果，不管是将来的、现在的、或者也许还有过去的后果的无知)，这种完全的均衡决无法达到。然而，如果人们能把那些与均衡一致的经济现象分为一类(因而我们可以对它们直接采用均衡分析的方法去研究)，而把那些与均衡不一致的现象分为另一类，那样是极其有益的。我认为货币便是后一类经济现象。

假定有一个社会，该社会拥有一定量的货币（我指的只是通货），并且为了精确起见，再假定制造这种货币的材料"在工业上"没有使用价值，那么，在任何时候，这些货币都必然在组成整个社会的各个人之间，按照他们对货币的需求程度加以分配。但是，是什么东西支配他们对货币的需求呢？仅仅是他们要用来作未来支付的那种需要。他们不是为了目前的支付而需要货币。否则的话，他们便不会保存货币，而是把它支付出去。他们需要保持货币仅仅是为了将来的需要。

但现在，我们应该看到，货币只是为了未来支付的需要，而且这种未来支付的需要是不确定的。所以，保存货币是绝对必要的。如果未来支付所需要货币的日期与数量都是绝对确定的，那么，就没有必要为这种支付而准备货币了。把这些货币放出去，直到未来支付到期时再收回来，这更为有利。否则，保存货币将意味着持有人做了对自己不利的事情，因而这种状态不是均衡状态。

人们可能反对说，这种极端的结论意味着人们可以在一个可设想的最短时间内，为他们所拥有的货币找到有利可图的用途。这种说法确实要加以肯定。人们可以通过一个中间人——银行把货币贷出去（参看维克塞尔论《实际流通速度》一文）。

还有一条反对理由我们也不能同意（虽然我承认，这条理由曾给我留过一点印象)，即实际支付所花费的时间为社会对货币的需求规定了一个不可缩减的最低限度。其实，银行支票与汇票恰恰是为了克服这个困难而采用的老办法。

因此，我认为，如果人们完全预见到经济资料的未来进程和随之发生的价格的进程，人们便完全不需要保存货币。他们或者可以通过银行这一媒介，或者可以通过某个别的类似的机构把他们的货币贷出去。按照同样的假定，显然，银行家也不需要保持任何现金储备。

如果任何货币存量都不存在，那么，价格水平(当然不是说各个价格的比率)便是完全不确定的。反之，如果保存着货币存量，那么经济便不处在均衡状态中。因为通过贷出自己的货币存量来增加自己的未来收入，而不遭受任何损失，这对任何人来说都是有利的。

如果我们接受上述论证，那么，似乎可以得到如下较不完善的结论：

1. 除非作为一种研究方法上的抽象(这是一种很危险的抽象，因为这违反了大多数基本的理论假定)，否则不存在什么“中性的货币”。

2. 把失衡归罪于银行是没有用的。把它归咎于银行垄断并要求建立自由银行(Bankfreiheit)更没有用。在发达的经济中，只有银行才有希望使经济保持外表的均衡。

3. 货币流通速度，从根本上说是风险的一个函数

（一个反比函数）。习惯与习惯的分布可能会使这一函数关系模糊不清，不过它们也以同样方式使别的经济趋势模糊不清。延伸霍特里先生的理论，可以得到货币风险理论。

4. 经济资料方面任何重大的出乎预料的变化，都必然影响风险因素，从而影响货币流通速度。仅仅在这个意义上，我们才说商业周期是一种货币现象。风险因素方面的每一个重大的变动，一定会通过它在货币方面所引起的反响产生一个因果联系。不管商业周期的因果关系如何，在货币方面它都必然有所表现。

当风险因素出现时，它将对人们持有资产的方式产生极重要的影响。在十分混乱与相互不信任的时候，人们想把自己的全部资产保存在可直接自由支配的购买力的形式上，即货币形式上，当有较大的信心时，人们将乐于以自由支配程度较低的形式保存某些资产。在有很大信心的时候，人们的资产会有相当大一部分搁在完全不能直接支配的形式上，因为他们一点也不在意，在他们万一要使用自己的资产时，这些资产是否能用。

在发达的社会中，任何一个有代表性的个人，都用无数不同的形式来保存他的资产，不过可以把这些形式分类如下：现金、活期贷款、短期贷款、长期贷款、物质财产以及股票。

广义地说，如果按照上述排列从左到右，那么，风险因素会一个比一个大。另一方面，再广义地说，同样按上

> 述排列从左到右,作为对风险增大的补偿,可指望得到的报酬也一个比一个高。人们的资产在这些形式之间的分配,是由可指望得到的相对的报酬及相对的风险因素支配的。

上述这些是我在1932年年底以前写的。尽管写得很粗糙(而且有明显的错误),但其中有些观点可以说是成立的。那时,我是根据资产负债表来思考问题的。我得出了这个“资产分类序列”,而且引出了一些结论(虽然很不全面)。

在这第一稿中,我没有谈到凯恩斯。但是,当我把这个稿子拿给巴雷特·韦尔看时,他说:“这调子像《货币论》”。所以,那时(而不是比这更早)我查阅了《货币论》,并且在我的德文稿中提到了这本书。当我的德文文章发表时,我想我可以把英文原稿寄给凯恩斯。这是1933年8月的事。无疑那时他刚读过肖夫写的对《工资理论》的评论,这个评论发表在1933年9月的《经济学杂志》上,并且自然是经他手批的。所以,他把我看作是信守“伦敦经济学院教条”的人。但是他说:

> 如同你料想的那样,许多观点我是不同意的。但是现在很清楚,我们的思路已不再朝相反的方向展开了。在最近几周,我认为自己已经得出了一个基本观点。完全撇开我关于储蓄与投资决定的观点不谈,就这个基本观点便已使我不仅与你及庇古分道扬镳,而且与李嘉图以后的每一个人分道扬镳了。不过,这个问题不可能在

一封信里加以讨论。

我直到现在也不完全清楚这个“基本观点”指的究竟是什么。[6]

一年后我写了第三稿——《简化》。[7]我把校样寄给凯恩斯，后来我收到下述内容的明信片，其注明的日期是1934年12月24日。

多谢你寄来大作的稿样，我很喜欢它。我同意您说的。我现在把它叫做“灵活偏好”，它是货币理论中最基本的概念。这是我第一次听到“灵活偏好”这个词。

我也许应该说明，直到那时，我还没有与凯恩斯交谈过。我第一次与他的私人会晤是在一次宴会上。当时，他与庇古为任命我为剑桥大学讲师一事接见我。这想必是1935年5月的事。那以后，他写给我一张便条，注明日期是1935年6月。便条上写道：

我的观点被传到你们那儿的那些渠道[8]真是令人吃惊！或许，你可能会概括出总的倾向，但并不去认真地琢磨其细节。我的书是相当厚的，我设法全面地论述基本原理。但是按照我自己的想法，它只是一个开端而已。我同意你所说的广阔的远景已展现在眼前。我力求在我即将出版的书中，避免出现好高骛远的现象。我的目的是尽力坚持某些基本的见解，仅此而已！

直到完全出乎我的预料,《经济学杂志》邀我写评论《通论》(1936 年 1 月的那版)的文章,我对凯恩斯理论的细节只知道上述这些。

无疑,是由于写了《简化》,我才得到这份殊荣的。[9]我并不是凯恩斯集团的一个成员,在那篇文章中,我已经说明该书的某些看法我是不同意的。事实上,那篇文章说明的事要比《简化》所能说明的事多,因为我那时已接触到了瑞典的情况。

我接触瑞典学派是从米尔达尔的《货币均衡论》开始的。我读的是德文版,并且在《经济学》(1934 年 11 月)上写了评论。[10]我感到这本书非常使人兴奋。这并不是由于书中得出的正面结论(如我在评论中说的,货币均衡论讲的究竟是什么,我并不那么理解),而是由于书中展示的一系列新思想。那种一般分析方法,即用静态分析来确定短期宏观均衡、并把预期包括进去作为其中的一种资料的方法(这种方法,凯恩斯用得很熟练),我早已从米尔达尔那儿学到了。而且,我对这种方法的理解比我直接从米尔达尔那儿学到的要深得多。这是因为一个幸运的机会使我能与林达尔接触。他在 1934 年夏天住在伦敦,后来在 1935 年又返回伦敦。米尔达尔能写出那本著作,主要是从林达尔那儿得到了启发。林达尔是社会核算理论的创始人。很幸运,当我开始评论凯恩斯的书时,我也有社会核算理论作为后盾。[11]

凯恩斯就我的那篇评论曾和我通过信。那封信本身是很有趣的。但因篇幅所限,这里就不引述它了。[12]现在我来谈《凯恩斯先生与古典经济学》。这实际上是我的第二篇评论,发表在 1937 年的《经济计量学》杂志上。最初它是在牛津大学经济计量学会会议上提出来的(1936 年 9 月)。我预计到你们会看出,凯恩斯对它的评论,是我的这篇回忆的最有趣的部分。所以,我想全文引用它。这封信注明的日期是 1937 年 3 月 31 日。

好不容易赶着读完你的文章,并且写好这份意见。我觉得你的文章很有趣,实在提不出什么意见。

从某种观点看来,你对古典学派的看法可能不很公平。因为你所谈的是一个时期的代表性的信念,在这个时期,经济学家不知不觉地背离了古典学派的学说,并且与他们的前辈相比,处于更加混乱的思想状态中。你所谈的是对这种信念的一个很好的表达。可以这样说,你我在过去都是经常抱有这种信念的。但是,如果你回过头去看看历史,我不敢断定要回顾多远才可以看到,那么你会发现,有一个学派认为上述信念是一种各个成分互不一致的大杂烩。我认为,一旦人们普遍同意增加货币数量能增加就业这一提法,这种不一致性就不知不觉地混进来了。可以说,一个受过古典经济学严格训练的经济学家,是不会同意这一提法的。我们过去常常同意它,而没有人认识到这个提法与我们别的前提是多么的不一致。

谈到细节问题,我很遗憾,你用 I 来代表收入。自然人们用它代表收入或代表投资都有选择的自由。但是,在这两种做法经试验以后,我认为,用 Y 代表收入,用 I 代表投资是较方便的。无论如何,我们应当设法保持习

惯用法的互相一致性。

对某些个别段落，我有下列意见：

(1) 第4页。你使储蓄成为货币收入的函数。只要你假定货币工资不变，这是完全正确的。但当这个假定变动以后(第5页)，我认为再把储蓄看作是货币收入的函数，就不一定有把握了。

(2) 第5页第二整段。我同意我们可能滑入这种思想。但是，一个严谨的古典经济学家会说，货币供给的增加仅仅提高货币收入，而不是实际收入。

(3) 第12页最后一段。在我看来，必须强调指出我所说的是指投资引致的增加不一定提高利息率。除非采取适当的货币政策，我认为情况很可能就是这样。在这方面，我想我与古典学派的分歧就在于：他们认为利息率是一个非货币现象，所以投资引致的增加应该提高利息率，而不管货币政策如何，虽然他们也许承认货币政策能产生暂时的蒸发作用(evaporating effect)。

(4) 第17页。像你那样，我曾用I去检验所有这些方程式。这样做的缺点是过分强调了现期收入。对投资的引致来说，该投资阶段的预期收入是个相关的变量。在关于资本边际效率的定义中，我已经设法把这一变量考虑进去了。预期收益一经决定，实际收入与预期收入就不言而喻地被考虑到了。然而，虽然企业家很可能受现期收入的过分影响，但是，如果我们过分注重现期收入，那这种心理影响就被太多地强调了。当然，这完全是个程度问题。我自己感到，现期收入对决定灵活偏好和储蓄有重要的影响，但对投资的引致，则不起类似的影响。[13]

我想，根据这封信，我可以像我一直做的那样得出这样的结论：凯恩斯承认 ISLM 图式是他的观点或他的观点的核心的相当好的表述。无论如何，这也确是画制这个图式的目的所在，即用它来表述凯恩斯与他的前辈[14]之间分歧的性质，而不是用来表述我自己所信仰的东西。

与《简化》那篇文章相比，(ISLM 曲线)对我自己的观点表达得更少。我仍坚持我在《简化》中的立场。我终于确信，我自己所说的与凯恩斯的灵活偏好学说决不相同。你们可能记得，在前面，凯恩斯认为《简化》所谈的就是灵活偏好。凯恩斯的灵活偏好所指的是货币与债券之间的互相替代。它是一种更粗糙的简单化，它忽略了许多问题。

在写《简化》时，我已经发现：(1)人们必须根据资产负债表来进行分析；(2)人们在各种资产之间的选择是一种概率分布之间的选择；(3)交易成本是极其重要的——所以，在现时被选定的资产负债表为最佳资产负债表的时期内，该时期的不肯定性便成了主要问题之一。我认为在 1934 年年底，我已经知道了所有这些东西。在《货币论》里，上述三个要点都有个轮廓。但在《通论》里，由于凯恩斯过于简单化，以致第三个要点基本上被忽略了。结果，他的灵活偏好被叫错了名字。它使货币需求取决于不肯定性，而不是灵活性。我在讲课时，经常说，灵活动机经这样合适地命名后，可以被看作是这样一种情况，一只猫在房门打开时从屋子里跑出去，虽然它在屋里十分舒服。在分析对流动资产的需求时，这样来考虑问题是极其重要的。但《通论》是这样来考虑问题的吗？

我确信自己在好多年以前就已经知道这个区别了。但直到我写第二篇文章《两个三结合》[15]的最后一部分时，我才把它写出来。我仍然坚持我在那篇文章中的看法，虽然它们是不全面的，应予以补充。[16]

我将再说几句话来结束这篇文章。在作了上述回顾后，我对凯恩斯的理论有什么看法呢？我们必须记住，凯恩斯革命并不只是经济理论的革命。凯恩斯是一个倡导者，或者说，是一个宣传者。他对许多读者讲话。他用《劝说集》和大量的报刊文章向政治家和公众推销他的政策。《通论》是他向专业经济学家推销他的政策的一个途径。《通论》是精心炮制的，是按照专业经济学家的思维习惯最精心地炮制的。我在第一篇评论中说过，“这本书的技巧是保守的”，也就是说，它提供了这样一个模式，按照这个模式，专业经济学家们能够方便地玩弄他们的惯用伎俩。他们不正是这样做了吗？通过ISLM，我自己也掉进了这个陷阱。1935年6月凯恩斯给我的便条（即我在前面引用的）本应使我觉醒。现在，在隔了很长时间之后，我们发现（我相信）《通论》变得矮小了，而《货币论》虽然古怪，却在发育成长。《通论》很高明地把动态经济学硬塞进静态的思想习惯中去，而《货币论》则是更为名副其实的动态经济学，从而也就更加通情达理。

附　　注

* 本文是 1972 年在牛津大学货币研究小组举行的会议上提出来的。1973 年 2 月在《经济学》杂志上发表。

① 在牛津大学的第二年，我选读了哲学、政治和经济学。那时，我的必修课还没有修完。我的经济学导师是一位军事历史学家，他本人对这个学科没有兴趣，也没有唤起我对经济学的兴趣。取得学位后，我才致力于经济学的研究，这是由于我幸运地结识了格雷厄姆·沃莱斯的缘故，并且通过他与伦敦经济学院接触。

② 《工资理论》中讲的替代弹性；琼·罗宾逊在(1933 年)《不完全竞争经济学》中讲的替代弹性；两要素情况下等值的证明；勒讷证明，罗宾逊弹性是等量曲线的一个特性；我自己认识到，同样的几何特性也适用于无差异曲线。以上这些导致我和艾伦合写了一篇论文。该论文发表在 1934 年 2 月的《经济学》杂志上。

③ 把风险问题设想为概率分布中的选择问题，在那时还是件不简单的事。还值得注意的是，经济概率分布往往被看作是固有地非对称的(参见下面第八篇文章)。

④ 特别是第 133—135 页。

⑤ 我曾根据信件对这点表示怀疑，后来亨宁斯博士证实了我的怀疑是有根据的。

⑥ 可是，我确实知道，在那时和那时以后的一段时间内，是哪些基本观点使我与即将形成的凯恩斯经济学分离的。像庇古(还有丹尼斯·罗伯逊)一样，我想我们谈论的是经济波动，即繁荣与衰退。这些波动不可能引起普遍的、永久继续下去的预期，因为它们并不是以完全崩溃或完全爆炸为归宿。因而可以把繁荣看作是物价上涨的时期，把衰退看作是物价下跌的时期。但这是相对于某种正常的价格水平而言。在整个波动周期里，这个正常水平可能是不变的，或者是变化不大的(用《价值与资本》中的术语说，即是预期是无弹性的，相当无弹性的)。凯恩斯由于对现实，对当代现实的敏感，发觉在大萧条时期，在我们生活的那个时期，这不再是事实。我确信他这样看是正确的。至于他用这一眼光去看待范围如此广大的问题是否正确，那完全是另一个问题。后来的经验表明，

预期的形成问题是一个较为复杂和微妙的问题。它与1930—1936年人们(凯恩斯主义者、反凯恩斯主义者或半凯恩斯者)所可能想象到的情况相比,要复杂和微妙得多。

⑦ 《简化货币理论的建议》,载《经济学家》1935年2月(后重印在《评论集》里)。

⑧ 无疑,这是指凯恩斯在剑桥讲课的笔记。这些笔记当时已开始在伦敦经济学院传阅。

⑨ 我只有三个月的时间(1月到4月)来写这些书评,因此,在许多方面,这篇书评只不过是一些初步的印象而已。

⑩ 共有四篇论文,它们被收集在一起,作为《对货币理论的贡献》一书出版(1933年维也纳)。这本书由我和J.C.吉尔伯特一起评论,我评论范诺与米尔达尔,他评论霍尔特普与库普曼斯。

⑪ 正是因为这个原因,我才在评论的第一部分如此强调引入"预期方法"。其实我指的是把预期作为明确的变量引入规范的"均衡"理论中。这一点也许说得不够明白。丹尼斯·罗伯逊对此很恼火,他开始用一个中学生或玩笑的方式来攻击我(见英国国教祈祷书40诗篇),并且一连几个月,引用马歇尔、费希尔和莱文顿等人的著作来攻击我,说他们早已考虑到预期问题了。我遭到这样的攻击的原因,是由于我没有充分认识到凯恩斯"半静态"模式的历史地位。丹尼斯摒弃了凯恩斯的这个模式。人们确实感到,这个模式是会被他所引用的权威们摒弃的。他这样指出凯恩斯模式的缺点是对的,这点人们现在可以看出。但是,他过分强调了这些缺点,结果忽视了它的优点。

⑫ 共有四个主要问题:(1)我对股票(债券)与消费品供给弹性的看法。在这个主要问题上,我脱离了严格的凯恩斯主义的立场。这里,凯恩斯能够指出,根据他的假定我所说的是错误的。人们应该从另一条途径来说明问题。然而当时我仍然认为,而且现在继续认为我所说的有些是事实。(2)关于收入的定义。由于有林达尔作根据,我认为自己的论证是比较好的。(3)货币基金与可贷基金之间的对立或对等决定利息率的问题。关于这个问题,我已经按《价值与资本》中的"星期"模式来思考了,这样做避免了存量与流量的冲突。由于我心里有了这些自己的假定,所以我自然不能令人信服地说明我的论点。(4)本身利率问题(own-rates of interest)。关于这个问题,凯恩斯自己已在接近1936年年底时,对他

在书中所说的论点作了相当大的修正。

这些信见《凯恩斯全集》第 14 卷第 70—81 页。

⑬ 凯恩斯所指的页码是这篇文章的打字稿的页码。打字稿现在不见了，但他指的段落是很容易找到的。

⑭ 凯恩斯批评我对“古典学派”理论所作的描述当然是正确的。他说我提出的某些看法也是他过去曾经相信的看法。他这样说是给我面子，我很不相信那是真的。就我自己来说，的确很惭愧。因为他所指的恰恰是我的《工资理论》中那糟透了的一节所鼓吹的理论。“古典学派”的理论(无论是像凯恩斯那样把庇古和罗伯逊也算作是“古典学派”，还是按传统的做法只把李嘉图、穆勒及他们同时代人叫做“古典学派”)，在这方面确实要巧妙得多。但是，正如凯恩斯的理论可以用 ISLM 图式来说明一样，古典学派的理论经适当地整理后，也可以在同一程度上用 ISLM 图式来说明。关于这个问题，我已在一篇文章中作了说明。此文发表在 1957 年的《经济学杂志》上，后来经过修改以《再论古典经济学》这一标题重印在《货币理论评论集》中(1967 年)。

⑮ 《评论集》第 30—36 页。

⑯ 其中有些是在《凯恩斯经济学的危机》的第二部分里完成的(布莱克威尔，1974 年)。

七、关于资本的争论:古代与现代*

在这样一篇不得不是非常简略的文章中,我不打算对(譬如说)从李嘉图—马尔萨斯到琼·罗宾逊—索洛如此长期的关于资本的全部争论加以考察。所有我能设法去做的是很有限的。我打算要做的就是去抓住一个具体的问题。这个问题应是(我将证明)许多这样的争论中的焦点。我们用它来作为一条主线,去说明一部分关于资本的争论。通过这样做,我们就能对经济学史怎样对现代经济学家有用这一问题作些有趣的说明。

经济学史对经济学家确实有它特有的用处。与数学和自然科学等别的学科的学生对他们本科历史的利用相比,经济学史的这种用处要大得多。搞科学史肯定不仅仅是一种搜集古物的癖好。当人们研究科学发现是在何种情况下搞出来的时候,他就是在研究科学。经济学史也有这个用途,但还有别的用途。当然,经济学史对纯粹的历史研究有用处,最伟大的经济学家斯密,或马克思,或凯恩斯都改变了历史的进程。他们像路易·拿破仑,伍德罗·威尔逊一样,是值得专业历史学家注意的。但这并不是经济学家的用法。经济学家的用法是有所不同的。

经济学是一门社会科学,而且是一门特殊的社会科学,因为它所关心的是人类的理性活动——人类的有目的活动及其后果。其结果是我们研究的对象能够听到我们所谈的内容。我们相互间可以私下交谈，但这种交谈只不过是一种非成品而已。当我们只是互相交谈时，我们的工作还没有完成。经济学中的思想，特别是经济学中有实际影响的思想是来自市场，来自“现实世界”的，而且这些思想还要回到“现实世界”中去。所以，在经济学家与他们学科的主题之间有一种对话，这种对话有一些重要的媒介。统计学家是一种媒介，新闻工作者是一种媒介，会计师（我们将看到）也是一种媒介。搞统计工作的经济学家和搞新闻工作的经济学家自己也做了许多媒介工作。在这个对话过程中，思想得到交流。思想不再是可以随意规定的放任的思想。谁也没有这样的权威说：“我们这个词，我说它指什么，它就指什么。”我们不能避免思想观念的交流。

我并不是说，在别的社会科学领域里，没有这样的对话，没有这样的交流，显然有。在政治科学领域里，这样的对话与交流，如果不比经济学领域多的话，那也至少与它相等。政治思想确实是如此地富于交流，以致政治学的研究有时显得不再包含别的东西了。相对地说，经济学则具有更多的实证分析。但是，我们不应让自己热衷于数量研究，而忽视这样一个事实，即经济思想同样具有政治思想的特征。我们应该根据这一理由来进行对话与交流。

我们不能回避思想交流，但是我们能够设法理解这种思想交流，以便控制思想交流。在我看来，这就是经济学史的意义。这也就是经济学史对经济学家的意义。我们必须掌握我们所用概念的历史，以便了解我们正在应用的概念究竟是什么意思。

如此理解的经济学史，不可能靠钻研旧的教科书，甚至经典著作而取得。钻研这些书只不过是我们必须做的工作的一部分。这些书必须结合其历史背景,结合历史事件,那些引起经济学分析的事件,和结合这些分析成果在发表时所引起的反响来读。所有这些都是我们所继承的传统的一部分,而且如果我们要完成我们的任务,我们就不可能逃脱这一传统。

我希望按上述精神来讨论我的具体的主题。

人们必须从一个在最近几年才被充分理解的区别开始。首先我们作这样的假定(像许多人假定的那样),一个经济的资本便是这个经济的实际货物存量,它们具有在未来生产更多的产品(或效用)的能力。这种货物存量在某一时刻存在于该经济中。因此,严格说来,资本只不过是一个表格(list)而已!这是英国的叫法,在美国我们称其为存货清单(inventory)。就宏观经济学的目的而言,必须把它们加总起来。但是,怎样加总呢?我们只能相加其货币价值。为了得到实际资本数量,我们又怎样来平减(deflate)这一货币价值总额呢?主要有两种方法。

首先,像处理别的总量(例如消费品)那样,一个比较方便的方法是根据资本品本身的价格指数来平减(要找到适当的价格指数也许不容易,但这不是我这里要讨论的问题)。从理论上说,这是一个可行的方法。为了把这个方法与另一种即将谈到的方法区别开来,我把用这种方法得出的数额叫做资本量。我们将看到,资本量具有这样一种性质,即当两个经济所拥有的资本存量在实物上相同时,则它们的资本量也一定相同。

人们有充分理由反对使用这样一种办法。人们常常提出的反对理由是:资本量忽略了关于资本的一个基本事实,即资本品的效用是间接的。资本品的价值是派生的价值,是将来最终纯产品的资本化价值。如果这些将来产品是按照产品的现时价格估价的,那么,所得出的资本化价值与资本品的实际市场价值相比,将更准确地反映出资本品的真实价值,因为资本品的实际市场价值是受对产品价值变化的预期影响的。这些"订正了"的资本品价值也可以加总,但由于这些价值是根据产品的价格确定的,而不是根据资本品的价格确定的,所以,如果要用它们来计量实际资本,那我们只能根据产品价格指数来平减。从这个意义来看,实际资本并不具有固定不变的性质。即使没有货物实体的任何变化,只要新的信息被市场承认,实际资本也可能变化。我把用这后一种方法计算出来的资本总量叫做资本的价值。

当两者的差别用统计学的方式(或半统计学的方式)表示时,我们似乎不必为这种差别的存在感到为难。我们可以同时玩两张牌,各有各的用处。然而,我们要陈述这样做的理由也许会有困难。上面说过,两者都是实际资本的计量。但实际资本究竟是什么呢?我们不能说,这两种计量是同一事物的两个尺度,就像一个人买了一磅东西,他可以说他买了价值一美元的东西,因为这种东西的价格是一磅一美元。我们所计量的实际资本与这不是一回事。

如果在资本量的意义上计量资本,那么,资本就是物质商品。但在价值的意义上,资本并不是物质商品。后者是一个价值总额,把这个价值总额叫做资金也许是适当的。资金可能以不同的方式体现在许多物质商品上。我们必须区别实际资本的这两种意义。

当然,资金这个词,我是从历史上借用来的。现在我就来谈谈历史问题。我将指出，这种区别是相当古老的，它把过去和现在的经济学家划分为两个阵营。有人认为，实际资本是资金。我把这些人叫做资金派。另一些人认为实际资本是由物质商品构成的。很可能有人把这些人叫做唯实派，[①]但由于我们要强调两个概念都是实际的，所以我感到把这些人叫做唯实派是难以令人满意的。因此，我在这篇文章中，想把后者大胆地叫做唯物派。（我说的唯物派是约翰逊博士批驳贝克莱唯心论意义上的唯物派。他批判贝克莱说："猛撞一块大石头，直到头破血流为止，由此来否定石头的存在。"我所说的唯物派无论如何会有一些约翰逊博士的杰出的追随者。）

爱德温·坎南是约翰逊博士的追随者之一。他是莱昂内尔·罗宾斯的老师，是伦敦经济学与政治科学学院的经济学院的创建者。他对亚当·斯密资本理论的评论，[②]是我这里所谈到的相反意见的最好表述。坎南确信斯密思想混乱。我则不这样认为。相反，我认为他倒是一位彻底的资金论者。对唯物派的坎南来说，资金论者的意见当然是完全不能理解的。坎南说："在斯密看来，资本常常好像是商品以外的别的什么东西似的。"这正是说到问题的点子上了。

不仅亚当·斯密，而且全体（或者说几乎全体）英国古典经济学家都是资金论者。同样，马克思是个资金论者（要不然，他怎么发明"资本主义"呢？），杰文斯也是个资金论者。1870 年以后发生了唯物派革命。它不同于边际派革命，因为有些边际学派的人员，例如杰文斯与庞巴维克，仍然打着资金主义的旗号。但是，1870 年以后，英国、美国的大多数经济学家却都成了唯物论者。[③]唯物主义确实是今天被看作是“新古典主义”的那一学派的特征。不仅坎南,还有马歇尔、庇古和J. C. 克拉克,都显然是唯物论者。实际上,凡使用生产函数概念(按照这个概念,产品表现为劳动、资本和技术的函数,假定这些要素是可分离的)的人都会承认自己是一个唯物论者(至少,在他使用这一函数时是这样)。

凯恩斯怎么样呢?自然,他被教养成为一个唯物论者。在《通论》中,只有轻微的迹象表明他离开了唯物论的立场。所以,一个人完全可以是一个凯恩斯主义者,而又是一个唯物论者。可是,由凯恩斯的理论和哈罗德对凯恩斯理论的发挥所引起的人们对资本理论及增长理论的重新考虑,导致了资金主义的重新复活。如果说,生产函数理论是唯物主义的标志,那么,资本—产出之比则是现代资金主义的标志。上述这些,就是这段历史的最简单的梗概。我现在试图说明这些是怎样发生的。

让我们重新来看古典学派。为什么古典经济学家是资金论者呢?仅仅通过考察他们的著作来说明这个问题是不容易的,因为古典学家把资金主义视为是当然的,以致不需要加以证明。其实,他们这样做的原因显然来自外界,来自商业实践,来自会计实践。

即使在今天,会计师还是资金论者。会计师会坚决主张一家厂商的厂房与机器是资本的说法是不真实的。厂房与机器不是资本,而是资产。对会计师来说,资本表现在资产负债表中的负债一方,而厂房与机器则表现在资产一方。因而,资本是一笔资金,它包含在资产中。

商人的业务活动是会计学的起源。至今,会计类目还带着它们原来商业的痕迹。正是这些商人,他们才是最早的资金论者。

还是这些商人,他们把资本看作是一笔投资于可出卖的商品存货中的资金。正是从资金的意义上看,资本是“流通的”。物质商品是不流通的,但资金是流通的。正是资金才会“周转”。商人所占有的商品存货是一回事(他最多只会承认商品存货是他的资本在一定时期内所采取的具体形式),而他的资本,他肯定会说,是另一回事,是某种更永恒的东西。

这些就是古典经济学家自然而然地加以采用的商业用语。他们没有必要避免使用商人们的术语。这些商业术语是他们那个时代的商人们所使用的概念,他们只是跟着沿用而已。确实,他们考虑的是整个(国民)经济,而不是单个商号。但是,他们肯定认为这当中并未造成多少差别,也不一定要造成那么多差别。他们可以设想(特别是亨利·桑顿,也肯定会这样设想)整个经济有一张资产负债表,由各单个商号的资产负债表汇集而成。在汇集过程中,一个商号的负债可以由另一商号的资产来抵消,但是没有任何项目能够从负债栏转入资产栏。所以,即使当所有的债务与债权证券互相抵消时,还应当在资产一边留下实际商品(和外欠债权的余额),并在负债一边留下资本——仍然是一笔资金。不必把这种资本看作是国家自己欠自己的债务。它与单个商号的资本是同一种东西。

如果整个经济是由商人组成的,那么,古典资金主义该是行得通的。然而,古典资金主义在解释别种类型的商业活动时能有多大成效呢?从一开头,资金主义就必须解释别种类型的商业活动。

然而,在它第一次需要作出延伸时,资金主义却干得并不赖。人们经常认为,资本是“对劳动者的预付”这个见解始于对农业的观察。所以，它被标为重农主义的见解。确实如此，人们只要考查一下经济学的文献，就会发现这个见解似乎正是始于法国的重农主义者。无论如何，就英国古典经济学家而言，这一见解更能令人信服地解释成是用商业形式去套农业活动。农民像商人购买他们的商业存货一样“周转”他们的资本，购买劳动服务并当这些劳动产品就绪时拿到市场上出卖。所以，资金派的资本概念在这一转变中用不着改动就能应用在农业上。总的来说，这好像是很合适的。

当然，农民既用资本，也用土地。但是没有人怀疑土地是一个独立的生产要素。在计算纯利润之前，必须把地租从各种农业经营所赚得的毛利润中扣除出去。这样，竞争将会使资本资金的纯利润率趋向均等。

古典经济学是一种三要素经济学。我们现在可以看到，这种三位一体要比通常设想的要具有更深刻的根源。劳动是一个流量，土地则是一个存量（如现代经济学所使用的流量与存量这两个概念），但是，资本既不是存量，也不是流量，它是一笔资金。三要素中的每一个要素都有它自己的特性，这种特性只对它自己才是合适的，而对其他要素中的任何一个要素都是不合适的。劳动者是通过资本在土地上劳动，而不是在资本上劳动，也不是用资本去劳动。这三个要素中的每一个在生产过程中的地位，都完全不同。

古典经济学家的这些观点经这样解释后，是相当一致的。但在上个世纪的下半叶，在他们的后继人中间这种一致性不见了，并不是所有转变成边际主义者的经济学家都成了唯物主义者，而是那些确成为唯物主义者的人是从不同的途径转变成唯物主义者的。例如，瓦尔拉的情况就是很特殊的。我相当有把握地认为他是一个唯物主义者，但他成为一个唯物主义者的原因是由于他对具体资本品的兴趣。这种兴趣当然是使他决定用几个商品的模式去进行研究的部分原因。他转向唯物主义一事可能发生在他的这一决定之前。他的唯物主义可能是促使他接近这个模式的一个原因。他说，他关于资本的观点来自他的父亲，而根据奥古斯特·瓦尔拉 1849 年写的著作，几乎可以肯定他是一个唯物论者，甚至是一个极端的唯物论者。对他来说，“资本”就是资本品，“收入”就是收入品，它们之间的差别仅仅是因为一个有多种(连续的)用途，而另一个只有单一用途。四轮马车，二轮马车，蒸汽引擎都是资本。一杯酒，一块牛腿肉，一支蜡烛都是收入。“正如它本身的名字所表明的那样，收入就是收回的东西。不过，收回的东西，也是用掉的东西。”④

人们必须注意，他们父子俩人把法语的一个特点，即使用词汇上的那种自我约束，那种故意的自我约束，误认为是一种理论方法。法国的许多唯物论很可能仅仅是一种表面现象，与其说和经济学有关，不如说和语言学有关。

在这个问题上，马歇尔的情况更有趣。马歇尔的唯物观可以更加清楚地由事态(即当时已实现了工业革命)，由设备和机器愈来愈重要这一点来解释。我们已经看到，古典的模式是从商业开始的，随后被应用到农业上。只要存货与制品是制造业主物质资产的主要部分，那么，这个模式也能以大体相同的方式应用于制造业。但是当制造业主的资本的大部分被固定在设备和机器上时，就会出现一个候补要素。这个候补要素与古典的三位一体的模式格格不入。怎么办呢?

在考虑经济学上发生了什么事情之前,先再来看看会计方面的情况将是有益的。机器的出现早已给会计师提出了一个类似的问题。会计师是怎样解决这个问题的呢?

只要会计师只去考虑商业交易,而不去考虑别的东西,那么,从原则上说他的任务还是简单的。因为商人的业务可以划分为各个单位,这是商人业务的特征。每一包棉花,每一磅干酪,如果确实构成商人存货的一部分,那也是在一具体时间内获得的,并将在一具体时间内卖出去。买进、保存和卖出构成一笔独立的交易(当然,完全独立的交易实际上是办不到的,因为还有通常的管理费用必须分摊;但是,它近乎于一笔独立的交易,以致这成了交易的方式)。故商人的账目可被看作是单独账目的汇集。买进与卖出确实是连续不断的。所以,假如在时间系列上来表述这些交易,那么,这些独立的账目是互相重叠的。只有当有一本从开办到关闭这整段历史的账目时,购买与出售的记录才会说明整个过程。在某一时期,例如一年内,必定有些交易是在这个时期开始以前就着手的,但是在该时期内完成的。同样,也必定有些交易是在这个时期开始的,但未在该时期结束时完成。不过,这些情况对商号来说很少引起麻烦。根据公认的规则,可以这样对付这些情况,即在任何一笔交易完成以前绝不抽取利润。该年开始的存货,将照原价买入,而该年最终的存货同样按原价估价。[5]

但是,怎样根据这些原则去估价设备与机器呢?土地可以看作是永恒的,它的使用可以作为一笔固定的款项来计算。但是对设备与机器,人们则不能指望它们经久不坏,虽然它们的使用时间

要比一个会计期限长。人们必须注意到:正是机器设备的使用期限比会计期限长这一点,造成了困难。假如会计账目记录了商号的全部经历——从开张到关闭停业,那么,便像前述的情况一样,就没有困难了。[6]碰到问题的正是年度会计。机器的成本必须由一系列连续的、由机器所贡献的产量的销售来补偿。但有些销售是当年卖出的,有些则较晚才卖出,或许有一些在早些时候就卖出了。因此,这就发生一个转嫁问题。到底有多少应被算入今年的成本,有多少应被列入到别的年度的成本中去呢?这个问题与日常管理费用的摊派是同一个问题,而且我们现在都很清楚对这个问题,在经济学上还没有明确的答案。

会计师也没有找到明确的答案,所具有的只是一个名称和一套规则(基本上是主观的规则)罢了。关于这些规则,整个说来,我们所了解的只不过是把"折旧分配额"加到每单位产品上去。这种会计方式被保存下来了,但它是经采用以下方法才被保存下来的,即把还没有被吸收掉的那部分资本(即还没有作为成本分摊到前几年的产量上的资本)算作在一年开始时对机器的投资,而把前几年及本年度还没有被吸收掉的那部分资本算作本年年终的投资额,留到今后各年度去。事实上,这就是会计师在一旦面临这个问题时所做的(这也许是他们不得不做的)。他们一直在这样做,直到今日。

在本世纪,我们有许多良机来了解会计师的折旧分配额是一种多么主观的规定。我们已经看到通货膨胀对会计师的折磨。我们还看到税收当局为了财政政策的利益对会计师的摆布。然而,19 世纪后期的经济学家很少有这样的经历。所以,难怪他们一开始就太认真地看待折旧分配额。两派经济学家都是这样。确实,至今仍流行的资金派(例如奥地利学派)把固定资本的投资设想为一笔流动资本投资。假如一台能有十年寿命的机器,它的价值的十分之一可以作为成本转移到每年的产品中的话,那么,这部机器就等于在流动资本上的十笔投资。一笔投资的期限为一年,另一笔投资的期限为二年……最后一笔投资的期限为十年。这正是会计师的折旧分配额在捣鬼。

马歇尔也是这样。他也是依靠会计师的答案,只是依靠的方式不同而已。这个答案是马歇尔长期均衡概念的基本原理。马歇尔告诉我们说在短期内,当"生产者不得不采取他们所能采取的措施,来最有效地调整他们的供给以适应需求"时,由于采取这些"措施"而得到的"收入"是一种"类地租"。[7]他是根据与地租的类比把它叫做"类地租"的。在马歇尔的全部短期理论中,他一刻没忘李嘉图的地租理论。根据李嘉图的模式,被确定为一种剩余的地租是不考虑折旧费用的。对李嘉图来说,土地是"不可摧毁的",所以,这种费用自然是不必要的。尽管在决定应扣除多少这个问题上,李嘉图没有给马歇尔什么帮助,但马歇尔还是认为要作出这种扣除,即使在短期里也是一样。关于这个问题,马歇尔确实谈得不多,以致他很容易被误解。人们只有很细心地阅读他的著作才会发现"类地租"到底应被作为毛利还是纯利。然而,在《原理》的一定义性章节中,他确曾说过:

> 我不能恰当地说出有关一台机器产生利息的事。假如我们真的使用利息这个词,那么,利息必定只是与机器

> 的货币价值有关，而不是与机器本身有关。例如，假设有一台成本为 100 英镑的机器，它每年生产的产品纯利是 4 英镑，那么，这台机器产生了 4 英镑的类地租，即与它的原有价值的 4% 的利息相等。但是，假如现在这部机器只值 80 镑，那么，它便产生了它的现有价值的 5% 的利息。〔第 74—75 页〕。

这似乎就是结论。

在马歇尔的书里，关于折旧问题谈得这样少，这确实是出乎意外的事。还有一个脚注，在这个脚注里，他承认折旧是一个问题。但这个脚注只提到一本会计学教科书就结束了。[⑧] 显然，他认为，就他的目的来说，会计师的答案就够了：毛利可以按那个办法折合为纯利，并且通过长期的竞争使纯利均等。

这就是马歇尔的论述。但是，在《经济学原理》出版以后的四十年里，讲授这样的观点必定碰到了十分不可理解的问题，即使在马歇尔的最亲密的后继人中也是这样。据传说，在剑桥的教师中，关于“毛”“纯”的问题，思想非常混乱。现在我手里有一个强有力的、支持这个传说的证据。在《通论》关于“资本边际效率”那一章中，凯恩斯小心翼翼地不把各个 Q 叫做类地租。他这样做是正确的，因为这些 Q 没有扣除掉折旧。所以，它们不是马歇尔所说的类地租。但是为什么用 Q 来表示它们呢？在许多后凯恩斯主义者的著作中，人们自然假定 Q 代表类地租。我们现在知道，在《通论》较早的草稿中，各个 Q 被称为类地租。[⑨] 在最后版本中，凯恩斯自己做了修正，或半修正，但暴露出了混乱。

事实上,直到二十年代中期新的趋势开始出现时,剑桥大学对资本理论一直毫无兴趣。例如,庇古在《福利经济学》的后来版本里所作的引人注目的修改之一是加进了题为《保持资本的完整》那一章。在第一版与第二版里都没有这一章。1928 年的第三版才出现了这一章。那时,在价格变动的情况下,储蓄的定义问题,已经由罗伯逊的著作加以阐明了。[10] 在 1932 年的第四版中,这一章有了相当大的改变。并且在 1935 年的一篇重要文章中,又有了进一步的阐述。这一篇文章看来被打算作为另一次修订的基础。[11] 显然,庇古感到很苦恼,人们也能够看出为什么他会这样苦恼。

庇古认为,他只是研究资本问题的一部分。他试图孤立地考察那一部分。尽管他的书打着"福利"的旗号,但书的主题是关于社会产品(或如他自己所叫的"股息"):怎样计量社会产品,是什么东西使得它增加或减少,以及它是如何分配的。一定时期(一年)的社会产品几乎是孤立地被考虑的。由于他选定了那种方式去提出问题,所以,这几乎不可避免地导致他采用了今天可以叫做"生产函数"的研究方法。即使如此,他也许已经发现,他面临着怎样计量资本这个一般问题。因为在两个具有不同的资本存量的经济之间,如果没有某种比较它们的资本存量的手段,那么,我们怎样能够作出静态的比较呢?虽然罗伯逊在大体同一时期内可能已经看出存在这个问题,[12] 但最初,庇古并没有提出这样广泛的问题。庇古把自己局限于那些在计量单独一年的收入时出现的投资计量问题,即毛投资折合成净投资的问题(当然,这已经包含着资本计量的问题,即开头那一年的资本存量与最终一年的资本存量的比较问题)。

严格说来，庇古的方法是唯物论的方法。他确实承认商业上的资本概念是不同的，但是

> “对经济学而言，不管在任何时候，所存在的资本存量都是各种物体的集合，其程度纯粹是一个物质事实。……资本存量的多少是……不受它的价值影响的。无论其价值是大还是小，资本存量都是完全相同的。”(《经济学杂志》1935 年第 235 页)

他根据这一点引出了以下重要结论(类似的说法在许多晚些时候出版的著作中，也常常可以看到)：

> 应该把以下两种变化区别开来：一种变化虽然让要素的生产率还是保持像往常一样，但它使要素的突然的、最终的报废逐步来临；另一种是物质上的变化，这种变化降低了资本要素的生产率以及它的出租价值。就前一种变化来说，直至机器全部报废，我想，这个资本存量最好被看作是完整无缺的，就像尽管存货的一部分报废的日子越来越近，我们还是把它当作完整无缺的一样。(同上第 238 页)

我不想详细讨论庇古对这个问题的论述，以上所述已足以表明他的唯物论的特征。对庇古自己的目的来说，这很可能是可以加以辩护的(我将说明这一点)。但庇古的论述很难说是具有普遍

性的。所以,我们不会觉得奇怪为什么有些人不接受他的论述。我对凯恩斯《通论》一书中“使用者成本”那一章评价并不高。我认为那一章是他为弥补漏洞而作的一次失败的尝试(而且就凯恩斯的目的而论,这样做也没有必要)。哈耶克教授最直率地提出了一种相反的观点。

1935 年庇古的文章发表时,哈耶克已经在着手准备他关于这个问题的第一篇文章了。[13]在他于 1941 年出版的《资本纯理论》中和 1941 年在《经济学家》上发表的对庇古再论这个问题的短文所作的答复中,[14]他进一步发展了该篇文章的论点。当然,哈耶克是一个资金论者,而且是一个很老练的资金论者。他深入钻研了经济活动的不肯定性与人们对它的无知等问题。人们一经想到资本的价值是由对未来的预期决定的,这些问题就出现了。正是由于庇古忽略了这方面的问题,所以才使哈耶克采取了与庇古的唯物论相对立的立场。哈耶克对安装机器来制造时髦商品这一现象作了精彩叙述:这些时髦商品只是在该年是需要的,过后就不需要了,所以在该年年终时,这部机器在物质上虽然是完好的,但在价值上,已经有了损失。哈耶克的这一叙述旨在表明资本的物质属性与经济学是不相干的,总的来说,在我看来,哈耶克是对的。[15]

我只想指出,如果我们从庇古与哈耶克之间的这一有趣的争论来看待他们的话,那么,我们也许能加深对最近分歧的了解。除此以外,我不想再进一步考察这段历史了。我想,现在人们能够看出,庇古是在他的模式的范围内来研究问题的。这是一个有局限性的模式,但却是个有用的模式,一个为了某种目的,我们大多数人或许还想加以利用的模式。这个模式的中心概念,是社会产品,

可计量的社会产品。现在很清楚,人们不可能计量庇古所关心的那种福利式的社会产品,除非人们假定欲望是不变的,或者说假定某种社会福利函数是不变的。但是,这一假定排除了欲望随时间变化这一点,而这一点却是哈耶克例子的基础。因此,在庇古的模式世界里,哈耶克的问题不可能出现。当然,一般说来,哈耶克的问题确实会出现。我想必然存在一些不符合庇古模式的奇特情况。

我并不是说,对这些奇特情况的注意是使古典资金主义得到复兴的主要原因,它只是一个原因而已。有不少经济学家专靠奇特情况吃饭。他们的这种买卖使辉煌的经济科学为杂志上的小文章服务了。古典资金主义的复兴有别的更重要的原因。正如我已强调的那样,资金主义是商人的资本概念。社会会计核算使经济学家与商业会计核算有了更加密切的联系,这必定会引起资金主义的复兴。谈到计划也是这样。计划是向前看的,资金派的资本概念也是向前看的。它们是一致的。这种或那种发展需要多少资本呢?正是资金意义上的资本才与这个问题有关。

当按照这个观点来考察资金主义时,我们可以说,唯物主义也许也有一个席位。如果说资金主义是向前看的,那么,唯物主义便是向后看的,因为唯物主义所谈的是此时存在的资本品,是过去生产出来的产品。“过去的事情已经过去了!”可是,为了某些目的,我们却不得不回顾过去。特别是我们的统计学,它总是与过去有关。除非根据历史资料,否则人们不可能在统计学上计量资本。当然,人们不是按照历史成本,而是按照修订过的历史成本,或重置成本来估价的。在 J. R. S. 里维尔的《国家的财富》(1967 年)一书中,有一个关于这方面的引人注目的例子。这是在英国剑桥进行的一次调查,而英国剑桥这地方常被认为是新资金主义的司令部。里维尔对英国民族资本的计算对庇古一定很有吸引力。[16]作为一个统计学家,他不得不是个唯物论者。不然,他就可能无事可做。[17]除统计资料外,没有什么别的东西可供宏观经济计量学研究。所以,被争论的正是宏观经济计量学本身,但也许那是它本来应该受到的待遇吧。

附 注

* 本文是在纽约美国经济学会的会议上提出来的。1974 年 5 月发表在《美国经济评论》上。

① 在《资本与时间》的一节中,我自己就这样用过(牛津大学出版,1973 年第 13 页)。后来我确信叫唯物派较好。

② 坎南:《经济理论评论》伦敦 1929 年版第 145—150 页。

③ 至少陶西格是一位重要的美国资金论者。欧文·费歇尔则较难确定,因为他左顾右盼(至少有时是这样)。有趣的是,人们看到坎南认为费歇尔跟他一样,是个唯物论者。

④ 《社会财富理论》巴黎 1849 年第 53—54 页。

⑤ 当然有个限制条件,即预期的损失也许被预先考虑到:"成本或市场价值,不管哪个较低。"但这并不影响上述原理。

⑥ 经济学家与会计师不同,没有人责成经济学家去逐年记账,除非他自己乐意去这样做。这正是促使我去写《资本与时间》一书的原因之一。

⑦ 马歇尔:《原理》第 8 版(伦敦 1922)第 376 页。

⑧ 《原理》第 354—355 页。

⑨ 《凯恩斯全集》(伦敦与纽约 1971 年)第 8 卷第 425—426 页。

⑩ D. H. 罗伯逊:《银行政策与价格水平》(伦敦,1926 年)。

⑪ A. C. 庇古:《纯收入与资本衰竭》,载《经济学杂志》1935 年 6 月第 178 页。

⑫ 参见罗伯逊的文章:《工资怨言》,重印在他的《经济学片断》中(伦敦

1931 年)。对这篇文章我有一定的好感,因为正是通过这篇文章我才第一次与它的作者接触。

⑬ 哈耶克:《资本的保持》,《经济学》2,(1935 年 8 月)第 241—274 页。

⑭ 参见哈耶克《保持资本的完整》,《经济学》8,(1941 年 8 月)第 276—280 页,并参见庇古《保持资本的完整》,前引第 271—275 页。

⑮ 在我有关上述讨论的论文中,我基本上是支持哈耶克的。文章中正面论述的部分重印在《资本与时间》里,第 164—166 页。

⑯ 我发觉在庇古关于这个问题的最后一篇短文里(《经济学》1941 年),他与资本的重置成本计量问题断绝了联系。他指出,有这样一种情况,这时,要生产那些即将替换的资本品已经成为不可能的。他以此为理由否定资本的计量法。我不认为他作这样的让步是明智的。他本来可以更好地强调说他只是排除了一种“奇特情况”。

⑰ 对这个计量问题的深入讨论,见我的《资本与时间》第八章及《社会结构》1971 年第 4 版附录 D。

八、风险理论的灾难点

1. 在那篇关于有价证券选择的文章里(载在我的《货币理论评论集》里,1967 年第 103—125 页),我根据现已成为传统的方法假定:每一种可能进行的投资的"前景"可以用一个概率分布的开头两个动差(e,s)来表示。尽管感到包含在实际商业决定中的许多前景,决不是正常分布的,而是十分不对称的,但我还是这样做了。而且,当我们谈到风险时,我们主要考虑的正是这种分布的不对称性,而不是它的方差。因此,我有限地扩大了我的论述范围以考虑到不对称性。但是我不佯称这样扩大范围是令人满意的。

然而,在那同一篇文章的某一段中,我对"贝努里"关于风险承担的另一可供选择的方法,作了某些考察。这种方法有个明显的优点,即它至少实际上不像(e,s)方法那样强行限制前景的"形状"。然而,我还是摒弃了这一方法。其原因并不是由于它对"基数效用"的坚持(因为我同意萨缪尔逊等人的论证,[①] 即关于在不肯定条件下的选择问题,应用基数函数是可以允许的),而是由于别的原因。在线性边际效用函数的特定情况下,即在唯一能在(e,s)理论与贝努里理论之间建立一座桥梁,以使两种方法都可用的情况下,我们得出了荒唐的结论。[②] 然而,自那篇文章发表以后,主要由于仔细考虑了阿罗教授[③] 关于这个问题的著作(以下将说明,我并不完全同意他的看法），我开始感到，我应该对贝努里的方法给予更进一步的考虑。

2. 像以前一样，我开始用同样的术语来表述问题。一个投资者带有资本 K，他必须在 n 种证券之间进行选择。x_j 是投资于 j 种证券的数量。所以，$\sum x_j = K(j=1,\cdots n)$。有 m 个不测情况或 m 种"客观世界的情况"。投资于 j 种证券上的一单位资本在每一种不测情况下的结果，是已知的。在 i 种不测情况下，一单位资本的结果是 a_{ij}。因此，在 i 种不测情况下，全部 j 种有价证券的结果是 $\sum a_{ij} x_i$。我们把它叫做 v_j。

现在，我们采用贝努里的假定，即在这种情况下，投资者的目的就是要获得最大值的 $U=\sum p_i u(v_i)$。这里，所获得的总量包括各种不测情况下的结果，p 是特定的概率，$u(v_i)$ 是 v_i 结果的总效用。可是，正如阿罗教授说明的那样。这就出现了这样一个问题，即哪一种效用函数在这样的结构中是可以接受的。

要是我们能够找到一种效用函数，这种函数具有这样的性质，以致投资的分布与其规模无关，那么，这将是十分方便的。换句话说，当各种 p 与各种 a 不变时，人们这样选择(x_j)，以致 x_j/K 不受 K 大小的影响。如果能够找到这样一种函数的话，那么，这种效用函数就可以作为一个参照标准，一个最方便的参照标准。阿罗认为没有这样一种函数是可以接受的。但是，这里我将说明，我有不同的看法。

3. 我们来看看这样一种函数到底必须具有什么性质。如果各个边际效用$(\partial U/\partial x_j)$相等，投资者在特定$(x_j)$的情况下将处在均衡中。假如当$(x_j)$按相同的比例变化时，均衡的条件仍继续得到满足，那么这些边际效用必须保持相等，这也就是说，这些边际效用都必须按相同的比例进行变化。既然各个 v_i 是各个 x_j 的线性函数，那么，各个 x_j 的等比例变化就意味着各个 v_i 也起等比例的变化。所以，我们能按各个 v 项来分析，并同时注意到（按照贝努里的假定）各个 v 的边际效用仅仅是该 v 的函数。实际上，$(\partial U/\partial v_i)=p_i u'(v_i)$。

因此，[④] 当 x_j 以相同的比例变化时，只要各个 $u'(v_i)$ 的弹性对所有 v_i 来说都是相同的，那么，$(\partial U/\partial x_j)$ 就将保持相等。可是，$u'(v)$ 对所有 v_i 来说是相同的，$u'(v)$ 对每一个 v_i 来说都是同一条曲线，而不同的 $u'(v_i)$ 只不过表示了这同一条曲线上的不同点罢了。因此，一般说来，$v'(v)$ 的弹性不变是个条件。所以，为方便起见，可写成：

$$u'(v)=A(1-\alpha)v^{-\alpha}$$

通过积分得出：

$$u(v)=B+Av^{1-\alpha}$$

A,B,α 都是常数。如果当 α 是正数，若要 $u'(v)$ 也是正数，那么 $A(1-\alpha)$ 也必须是正数。而且，如果（如贝努里和他的拥护者所假定的那样）$u'(v)$ 随 v 递减，那么 α 必须是个正数。

我们还必须区别 $\alpha>1$ 或 $\alpha<1$ 这两种情况。（当 $\alpha=1$ 时，从 v^{-1} 的积分可以看出，总效用呈对数的形式。虽然这是贝努里特别加以考虑的情况，但就我们的目的而言，这不必加以特别注意。）如果 $\alpha<1$，那么，A 必须是正数，而 B 则可以是正数，也可以是负数。可是在这里，如果 $v=0$，则 $u=B$。但如果 v 增大，那 u 则无限增大。如果 $\alpha>1$，则 A 必须是负数，而且必须把 B 也看作是正数（如拉姆塞[5]很早以前观察到的那样）。在这里，随着 v 增大，u 渐近地趋向于 B，但如果 v 趋向于 0，那么 u 则无限递减。

我们将会看到，在 v 为负数时，这样的解释决不是有意义的。当 $\alpha>1$ 和 v 是负数时，要么 u 是零，要么 $u(-v)=u(v)$，以致随着 v 值的增大，u 也增大。这肯定是荒唐的。所以，我们可以公正地说，必须排除 v 为负值的情况。

有时，这点可能很麻烦，但在具体应用于证券选择理论时，这并不一定很要紧。而只意味着我们必须把投资的结果解释为投资的毛结果，其中包括“资本的偿还”，而不是净结果，或收益。按照这样的解释，如果投资的范围是现今正常类型的投资（包括现金，公债和带有有限责任的股票），那么，可能发生的最坏的情况也不过是全部损失（后面我还将谈到在其他场合的应用）。如果这种解释被接受的话，那么，全部 α_{ij} 都可以看作是非负值的。而且，如果所有的 x_j 是非负数，则所有的 v_i 也必定是非负数，故我们不必去注意各种 v 为负数的情况。

现在，我谈谈阿罗教授提出的问题。[6]他说如果有一种有可能带来很大收益的证券（比任何别的证券提供的收益要大得多），那么，如果效用函数无限制地向上的话，一个根据贝努里原则行事的投资者就会把他的全部财产投放在这一证券上。如果这种证券提供的收益足够大，那么，哪怕得到这种收益的机会非常小，他还是会这样干。然而，这正是贝努里想加以排除的“彼得堡自相矛盾”行为。根据这一点，我们不得不排除无限制向上的效用函数，特别是刚才用 $\alpha<1$ 构成的那一种函数（这也意味着我们必须排除贝努里自己的对数函数，因为对数函数也是无限向上的）。我同意阿罗

的这一看法。

然而，这同一看法好像并不适用于（如阿罗明确假定的）用 $\alpha>1$ 构成的拉姆塞函数。我认为经济学家们会根据别的理由而更喜欢拉姆塞的函数。如果效用函数无限向下，那有什么关系呢？如果这种效用函数是属于刚才描述的那一类，其 $\alpha>1$，那么，这只意味着投资者决不会把他的全部资本投放在那种有可能完全损失掉的投资上。他可能把他的资本的一部分投放在这种投资上，但只要他把其余的资本投放在没有这样的可能性的投资上，那么，他的全部证券投资便没有完全损失掉的可能性。我们都知道一个把他的全部家当押在赌注上的那种赌徒的事，但是如果我们寻找投资行为的一般实例，那么，我们把赌博这样的极端情况排除在外，这对我们是不会有什么妨碍的。当然在考虑投资者的行为时，的确也没有理由阻止他用他的一部分资本搞"一点赌博投机"。

4. 那么，到此为止，我们似乎没有理由不赞同采用我们至此一直在加以确定的情况作为一种标准情况。这里，我并不是说证券选择的各种问题都应当硬塞到这个框框里去。完全不是这个意思。我的意思是，我们可以自由地用它作为一个参照标准。这种情况给我们提供的是一个简单的实例，它反映了一种相对来说较容易确定的行为。通过和这种行为比较，我们可以观察别种可能的行为。实际上，还存在别种行为，要在实际中区别它们并不是十分困难的。可以预计，这些行为可能会按某些可测定的方式偏离这种标准行为。

在这种标准情况下，证券的按比例的分配与投资的规模无关。我们已经知道，这就要求边际效用 $u'(v)$ 具有不变的弹性（弹性<

1，从而 $\alpha>1$)。不变的弹性不那么容易直接检验，但这种不变弹性所带来的极端情况是比较容易讨论的。(必须强调指出，在风险理论中，极端情况问题比在消费理论中重要得多。大多数价格变化引起的消费变化是相当小的。因此，我们可以把注意力局限在一般消费函数的一个很小的范围内。在这一范围内，我们可以用任何一个比较合适的简单函数来代替它。但在这里，在风险理论中，重大灾难的可能性总是个不得不加以考虑的问题。因此，我们不能回避极端情况。)

首先拿上部极端为例，在这个极端中，v 很大。在这个极端中，我倒主张不必去考虑会出现和标准函数差距很大的情况。在标准情况下，由于 v 无限增大，因此，边际效用不断下降，不过它始终都保持为一个正数。这不正是我们所预料的情况吗？假定有两种证券，它们除了在一种不测情况下外，在所有其他不测情况下都呈现出相同的结果。但是，在这一特定的不测情况下，如果其中一种证券的收益比另一种大，那么，有理性的投资者肯定会选择那种有可能提供较大收益的证券，尽管两种证券的前景都是好的。投资者始终追求那种有可能提供一百零一万镑的证券，而不会选择“那种”仅有可能提供一百万镑的证券。但是，两个大数之间的这种极微小差别决不会比另一方面的风险的明显增大更重要。这恰好是“不变弹性”曲线所说明的问题。

假如让我们考虑一条线性形状的边际效用曲线(用消费理论来类推，但如同刚才说的，我想这是一个不正确的类推)，那么，我们一定会得到不同的结果，因为，如果边际效用曲线是线性的(确实，线性在任何多项式里都会出现)，那么，v 的足够大的增大必定

使 $u'(v)$ 成为负数。也就是说，一定会有一个充分满足点，任何超过这一点的财富的进一步增加一定会成为一种讨厌的东西！

某种特殊商品供给的增加在超过一个满足点时，可能成为讨厌的东西，这点人们易于接受。但是就一般财富而言，当（依据假设）财富能以各种不同的形式持有时，这时把财富的增加说成会成为讨厌的东西就不那么好理解了。这样一种轻微形式的充分满足倒是更实际一些：即当边际效用下降到 0 这一充分满足点时，它就不会再进一步下降。然而，正如我在前面说明的那样，即使是这种情况，我也并不认为能把它合理地看作是一种“正常”行为。然而，有时我们也许愿意讨论这种情况。

毫不奇怪，人们可以看到，因为有了一个存在充分满足点的效用函数，投资者在越来越富时，就会“稳扎稳打，不冒风险”。在标准行为下，随着 K 的增大，各个 x 便成比例地增加，从而各个 v 也就成比例地增加。不变的弹性使边际效率 $u'(v_i)$ 相互间保持与原先相同的比例。但是，按照上述新函数，各个 v 成比例地增加，就会减少 v 较大的证券的边际效用，v 较大的证券的边际效用比 v 较小的证券的边际效用降低得更快。当离充分满足点尚很远时，这种影响可能是微不足道的。但充分满足点愈是接近于达到，这种影响就愈加重要。在这种情况下，证券的均衡便只能靠相对减少那些相对来说带有较大（有利）结果的投资的数量来恢复。本来在 K 较小时能抵消可能的较大损失的盈利机会，现在不能抵消这种可能的损失了。因为这时 K 增大了。但是把这种行为解释为是由于对风险增加了反感，那是很古怪的。因为这种现象的真正原因是效用接近充分满足，所以，把这种现象看作是承担风险的报酬已经没有吸引力的一个象征则更为合理。我们不必像序数论者那样拒绝这样来看。

5. 按照我的看法，更为有意义的是可能存在着另一端的偏向。按照我们到目前为止一直利用的标准假定，当 $v=0$ 时，边际效用为无穷大。因此，零点是一个灾难点，必须以一切代价来加以避免。但是，为什么灾难点一般来说是在 $v=0$ 上呢？有许多实际情况，例如一些小的储蓄者，他们依靠来自投资的收入来过活；还有慈善基金组织，它们承担着义务，对它们来说这些义务是必须完成的。因此，对这些基金会和这些小储蓄者来说，即使是远比零好的结果，仍会招致灾难。通过对以上我们一直使用的结构作简单的但也是最重要的引申，我们确能很容易地说明这些情况。

设边际效用等于$(v-c)^{-\alpha}$，这样，在 $v=c$ 时，边际效用成为无穷大。这个引申后的结构和别的形式的结构一样便于利用，但它的附加参数使它具备了更大的适应性。

其结果立即接踵而至。由于 $v_i=\sum va_{ij}x_j$，而且 $K=\sum x_j$，$v_i-c=\sum[a_{ij}-(c/K)]x_j$，因此，除了所有各单位的结果减低 c/K 外，它的最大极值的求得正好和标准函数下的情况相同。如果 K 相对于 c 较大的话，那么，各单位结果的这种减低可说是微不足道的。所以，证券的最佳分配和标准函数时的情况可能大体相同。但是，当 K 相对于 c 下降时，各单位结果的减低就会产生影响。有些 $a_{ij}-(c/K)$ 于是可能变成负数。因此，投资者将倾向于避开那些带有低的 a_{ij} 值的证券，亦即那些在某些不测情况下带有很坏结果的证券。他会避开这类有风险的证券。当他越来越穷，或当他越来越接近于灾难点时，他将“稳扎稳打，不冒风险”。

从慈善基金的情况来看(但这种情况有更大的普遍性),显然,灾难点取决于环境。完全可以设想,较大量的资本将具有较高的灾难点。例如当 K 增大时,c 也按比例地增大,那么,这时各单位的结果就不会减低(或者不会进一步地减低)。因而,我们实际上又回到标准情况上来了。这时,各种证券的分配将与 K 无关。如果我们按此重新确定标准,那么,我们便能把(c/K)比例的变化看作是可能背离标准行为的主要方式。假如 K 增大,c 增加得更快,那么,我们就可以说:随着投资者越来越富,他将"稳扎稳打,不冒风险",而只要追加的财富带来追加的义务,或追加的责任,而且后者超过财富的增加,那么,c 确有可能增加得更快。只有在追加财富并不带来追加的义务时,我们才能有理由确信偏向会转到另一边。这时,更大的 K 便会使人们更加愿意承担风险。

6. 这样重新表述的理论的优点之一就在于:它使这个理论摆脱了上述讨论的某些局限性。当我们开始说明证券选择问题时,各种可能性是受到外部下限的限制的,可能发生的最坏的情况不过是全部损失。这个限制现在可以被取消了。因为灾难点现在已不再是由外界决定的了,它已不再是投资者所活动的市场的一种特性了。现在,灾难点已经成为投资者自己的主观特性,这便大大地扩大了这个理论的适用范围。

例如,我们过去一直假定所有 x_j 都不是负数,现在我们则可以放弃这个假定了。我们不再非得孤立地考察证券的资产方面了。现在,投资者可被准许借款以进行他的投资。如果他有机会赚到一个"差额",他就可能这样干。所必需的只是全部证券的净价值,在被考虑到的最坏的不测情况下,应大于它的灾难水平(c)。

当然，不排除投资者失算的可能性，即他所采取的策略可能在实际上导致灾难。我们所假定的只是投资者没有作有灾难的打算。

根据上述分析，包含两个参数的理论可以相当广泛地加以利用，并且它肯定是能说明问题的。确实人们可以主张说(c/K)比起α来，能更好地反映出人们对风险的反感。α所计量的是人们渴望取得盈利的程度，亦即人们对高额盈利的欲望程度，而(c/K)所计量的是投资者准备承担的风险程度，即他承担可能的重大损失的乐意程度。把对风险的选择表现为对盈利的希望和对灾难的害怕这两者之间的平衡，至少在直觉上是有吸引力的。

在这篇短文里，我们一直沿用贝努里的方法。不过，我并不主张它就是我们所需要的风险理论的基础，即使就风险理论的特殊部分——证券选择问题而言也是如此。我认为我已经说明，当人们对可行投资的指望（各种p与各种a）被看作已知时，它是论述可投资资金变化的相当有效的方法。这就是说贝努里的方法在论述“财富效应”方面是好的，而(e,s)方法则完全没有使这个问题最终得到解决。当用贝努里的方法考虑指望变化时，它的相对有利之处就可能不那么多了。

这自然不是说，它完全不适合于讨论指望的变化。人们能够不费力地用代数方法证明当某个特定的不测情况的某种特定投资的预期结果有了改善时，就会提高（相对于别的投资而言）该投资的边际效用。所以，投放在这种投资上的数量就会增加。这是因为，鉴于

$$U_j=\sum_i p_i u'(v_i)a_{ij}$$

而且只是总量里的i项目受到了a_{ij}提高的影响，所以，a_{ij}的提高

所起的影响表现为两个方面：一是对明显可见的 a_{ij} 所起的直接影响；二是通过 $u'(v_i)$ 而起的间接影响。间接的影响会降低 U_j（根据我们关于效用函数形式的假定）。但是其他投资的边际效用同样受到完全相同的间接影响的作用。所以，就每个 $k(=_j)$ 来说，U_j/U_k 比率一定会提高，但这并没有告诉我们多少东西。

然而，我们可以用同样的方法来讨论一些更有趣的问题。这会使我们取得某些进展。譬如多马—墨斯格雷夫关于"完全损失补偿"性税收的效应所提出的命题就是一例。[⑦] 我们可以作一些简化：设只有两种可行的投资。一个是(A)，它在各种不测情况下，具有肯定的结果。另一个是(B)，它是不肯定的，因而它有变化无常的结果。一开始，在这种税收征课之前，A、B 之间有一特定的最佳分配。如果具有完全损失补偿的税收被看作是这样一种规定，[⑧] 按照这种规定，各种不测情况中的 A 与 B 结果之间的差别是按照一固定比例减少的（在有利的情况下，一部分超过 A 盈利的 B 盈利被纳入税收；但在不利的情况下，B 盈利短缺中的相应一部分则被偿还），那么，投资者所居的位置与他在假如税收规定没有发生上述变化时所居的位置将是一样的。不过，他原来持有较多的 A 种证券和较少的 B 种证券。这样，从他先前的行为可以看出，他现在不是居于最佳位置。为了恢复最佳位置，他必须多持有 B。但这样做并不是因为他更乐于承担风险，而是因为 B 种证券上的投资所承担的风险的一部分，现已被税收当局免除了。对投资者而言，B 种证券的风险已减少了。

这些问题到此可以告一段落了，但还剩下所有与风险的传播有关的证券理论问题。在处理这些问题上，很自然，(e，s)方法是

到家的,而若用贝努里的方法来处理这些问题,那便要难多了。同样,就它们在经济计量学上的应用来说情况无疑亦是如此。所以,我认为这两种方法我们都需要。假如我们用这两种方法来检验我们的结论(或我们的假说),那么,我们便可以避免许多易犯的错误。所以,看来我们没有什么理由不按照这样的惯常办法去做。[9]

附　注

① 见 1951 年《经济计量学》。

② 见《评论集》第 114—117 页。

③ 见 K. J. 阿罗:《风险收益理论的若干问题》(赫尔辛基,1965 年版)。然而,促使我重新考虑这个问题的最初动力是我与埃斯·欧·沙安教授的通信。这里谨向他和设菲尔德城的福特教授表示感谢。

④ 用 U_j 代表 x_j 的边际效用。这样,如果 $U=\sum p_i u(v_i)$,则 $U_j=\sum_i p_i u'(v_i)a_{ij}$;$U_{jk}=\sum_i p_i u''(v_i)a_{ij}a_{ik}$。当每一个 x_k 增加 $x_k\mathrm{d}\theta$ 时,则 $(\mathrm{d}U_j/\mathrm{d}\theta)=\sum_k\sum_i p_i u''(v_i)a_{ij}a_{ik}x_k=\sum_i p_i u''(v_i)a_{ij}v_i$。如果发生这种情况时,各 U_j 间保持相等的比例,那么,$(1/U_j)(\mathrm{d}U_j/\mathrm{d}\theta)$ 对所有的 j 来说都必须相同。因此,$\sum_i p_i[v_i u''(v_i)-\lambda u'(v_i)]a_{ij}=0$,其中 λ 和 j 无关。因此,如果 $n>m$(证券多于不测情况),则括号里的每一个符号一定是 0(均等弹性)。如果 $n<m$,均等弹性便意味着相似性,但这一关系不能倒过来说。

⑤ 见拉姆塞:《储蓄的数学理论》。这篇文章刊于《经济学杂志》1928 年。

⑥ 阿罗:前引书第 26 页。

⑦ 《评论集》(第 117 页)中有关这个命题的看法,根据上面的论述,可清楚地看出是错误的。因此,特此取消那个脚注。

⑧ 应该指出,这是一种特别的解释,目的在于尽可能简单地说明问题。这里假定对 A 证券的可靠结果没有征税。

⑨ 在这篇文章中,我们完全从“静态”的角度来理解证券选择理论。这里,我们把选择看作是一旦决定就永远不变,而没有考虑到今天选择的结果对将来选择的范围所起的影响。除非现在作出的决定要么不能挽回,要么这些决定可以无代价地取消,否则,必定会有这种影响存在。除了上

述两种极端的情况外，还有许多情况静态理论不能说明。（对于这些引申的若干讨论，请参看我写的《凯恩斯经济学的危机》（1974 年）第二讲中讨论灵活性的那一段。）

即使是对这些引申，这篇文章中提出的区分仍可能会有裨益。因为它也许是考虑我们所谈的灾难点的一个富有成效的方法，即把灾难点看作是很坏的结果，以致它的出现制止了投资者继续进行“赌博”。

九、解释与修正

有些作家在自己的著作再版发行时，经常有答复批评的机会。从他们所作的增补与修改中，可以看出他们接受了哪些批评，拒绝了哪些批评。除了一个重要的例外，我自己没有遵循这种做法。[①]然而，我有时实际上做了这样的答复，其中有些没有发表，而另一些也只一篇一篇地发表在各个刊物上。所以，容易被人忽略。如果我把这些材料收集在一起，或许这会提供方便。

（一）加速数理论[②]

拙著《对商业周期理论的贡献》有很大一部分谈到加速数模式。当然这个模式不是我发明的，而是萨缪尔逊按照凯恩斯理论的形式（我利用了这一形式）于 1938 年创立的。这个模式以后的发展多亏了哈罗德与卡尔多两人。我所做的一切只是发挥它。我现在完全不敢肯定进一步的发挥是否值得。

加速数模式，就其本身而言，完全是非货币的。它甚至连价格也不去考虑，几乎完全在实物的意义上进行研究。它并且假定它的各个实物数量是可以加总的，以便能够按惯用的宏观经济学的方式，即根据产量与就业，储蓄与投资进行分析。

加速数模式，就其最简单的形式而言，是很暴烈的。的确，太暴烈了。假如储蓄适应于产量，而投资(净投资)适应于产量变化率，则从储蓄等于投资这一等式便可得出：$sY=cgY$。所以，$s=cg$(哈罗德等式)是一个均衡条件。但这是一个具有内在不稳定性的均衡条件。任何“偶然的”产量增加将提高产量的增长率，从而导致更多的投资(加速数)。但更多的投资有一个进一步提高产量的乘数效应。然而，产量在任何时候都不可能无限扩张。因此，如果最初的均衡位置小于(凯恩斯式的)充分就业，那么，任何(扩张性的)干扰都会推动这个经济，使它达到充分就业的“上限”。但是，达到充分就业上限时的产量与达到上限以前的产量相比，其增长不得不慢一些。这样就使加速数走向反面了。并且在简单的模式内除了经济完全崩溃之外，没有什么东西可以阻止这种向下的波动。

即使在1932年(即在货币灾难之后，而加速数理论并没有考虑到这种货币灾难)，完全崩溃也没有出现。然而，在某种程度上，波动的底，或者说“下限”，被人们发现了。因此，倘若加速数模式要符合实际(各种实际)，它就要加以缓和或“冷却”。在我的书中，我采用了两种“冷却剂”。不过，也有人提出还有别的冷却剂，故我现在并不偏重我在自己书中提出的那两种。

我的第一个冷却剂是采用时延。富有爆炸性的正是瞬间调节。但是，很难使人相信加速数可以不花时间就对消费与投资产生影响。我证明了加速数的时滞影响，不仅延长整个过程所费的时间，而且很可能对波动起相当大的阻碍作用。借助于颇有可能存在的时延，我们能够很容易地说明为什么繁荣时期还没有达到上限便逐渐消失；为什么衰退时期还没有降到最低点便转而成为复苏。这些情况不一定会发生，但有可能发生。因此，这个模式可以解释的现象的范围更广泛了。

我的另一个“冷却剂”是自主投资。哈罗德自己不愿假设全部投资活动与现期产量有密切的联系。他考虑到了存在相对独立的“长远投资”的可能性。我则喜爱另一种不同的表述，目的是划分出那一部分与现期产量无关的投资，不管它是长远的，还是不长远的。在再次考虑到历史应用问题后，我极力主张这个模式不应妄图说明太多的问题。不难证明，如果人们承认自主投资，那么，这就规定了一个下限。

我的自主投资论点受到多方指摘，但我认为，整个来说，我应坚持这个观点。我承认，许多可以被人们纳入“自主”投资这一类的投资想必只规定了一个暂时的下限。如果产量停留在低（衰退）水平上的时间很长，这些投资所给予的支持就会逐渐减弱。但是，如果暂时的下限能持续一段时间的话，那它会提供一个间歇机会。这时人们可能更有信心地承担新的投资。尽管有专门与这种情况相连在一起的“悲观主义”存在，但在间歇期间，有些人肯定会改变看法，相信萧条不会永久持续下去。

另外两个我在书里没有用过的“冷却剂”，现在必须提到。一个是“非线性”，它否定了哈罗德关于产量（或收入）与消费（从而储蓄）之间的比例性。从推理上说，我赞成这个观点。假如产出处于低水平时，储蓄（净储蓄）消失，那么，显然会有一个没有净投资的均衡，以致仅仅维持住现有资本（毛投资＝折旧）就足以确立一个下限。引入线性通常是与分配方面的问题有关的，但也不一定有关。根据弗里德曼的消费函数，消费取决于长期收入：当收入提高或异常地高时，储蓄率（储蓄/现期收入）也会提高；当收入下降，或异常地低时，储蓄率也会降低。但是，与此大致相同的影响可以通过时延表现出来。

最后，也许更重要的是需要在加速数理论中引入一个限制条件。为什么投资即使有一个时延，还应当适应于现期产量的变化率呢？除非产量的增加需要生产能力也有增加！至少在我书里的一个地方，我很小心地强调了能力弹性。人们应该想到，产量的增加首先来自现存的生产能力，只有当人们有充分理由预料继续增产将仍是需要的时候，生产能力才会扩大。可是这就必定意味着，在下限时，在确实存在过剩的生产能力的情况下，最终需求的提高将不会引致出多少数量可观的投资；只有当产量已经扩张到某一正常水平时，加速数才会起作用。这还意味着在和上限冲突时，为要满足那个产量水平所需要的投资，仍会有一些投资需要继续得到补足。所以，有可能一个经济在上限上停留的时间比我设想的要长（确实要长得多）。因此，即使是由“爆炸性”投资引起的繁荣（所以，它还没有逐渐消失），也不会像在我的模式中所表现的那样，如此具有爆炸性。

不过，必须承认，当这个模式按照上述方式加以修正后，其性质就改变了。它不再是一个想象中用作一个经济计量学的假说那样的数学模式了。数学（或部分数学）提供了某些有启发性的运算。但数学不可能像现在这样被应用。我现在对这个问题所采取的观点与丹尼斯·罗伯逊最后所采取的观点相同。当回顾他自己的早期著作时，他所得出的结论是：

谈到因袭时尚的商业周期模式，那些现在很时髦的模式，假如它们的局限性被清楚地认识到的话，那么，这些模式无疑是有用的。我们必须抱着尊重别人的耐心来等待经济计量学家决定他们精心设计的方法是否真正能使这些模式有血有肉。但是，我老实承认，至少对我来说，起作用的力量似乎是那样的复杂，而且我们是否能指望少数几个经过选择的参数在商业周期中，或在几个商业周期之间仍原封不变这一点，似乎是那样的令人怀疑，以致我怀疑最后是否会从对原始资料的解释研究中得出更多的真理。（摘自他在1948年《工业波动研究》一书再版时写的导言。该书第一版于1915年发行。）

（二）两类经济史

正像我希望的那样，我的《经济史理论》(1969年出版)引起了一些很有趣的批评。其中有两篇评论文章：一篇是P. T. 鲍尔教授写的，发表在《经济学》杂志上；一篇是A. 格欣克伦教授写的，发表在《经济历史评论》上。同时，我还收到了一些评论，有的后来发表了，有的没有发表。我不想完全答复这些评论。有些争论的问题是关于历史事实的问题，要解答它们超过了我的能力范围。我所能做的只是强调：我引用的事实材料只不过是为了说明问题。因此，我并不那么关心有人论证说普鲁士的农奴制和俄罗斯的农奴制之间并不像我所设想的那样有那么多相似之处。我甚至也不关心历史学家强调说：希腊城邦国家的主要的利益基本上是农业。因为，我关心的是经济型式的出现。这些经济型式即使不居支配地位，也是很令人感兴趣而且很重要的。

也许，我本来应该对有两类经济史这一点有更清楚的认识。经济历史学家的绝大部分著作都只是与其中一类有关，而我所关心的是另一类。我不关心的那一类经济史所讨论的是生活水平问题：生活水平是怎样随着时间而变化的；某一社会的全体居民或该全体居民中某一阶级在某一时期达到的生活水平，如何与另一社会的全体居民或其中的某一阶级在同一时期达到的生活水平相互区别。除了最近时期外，能从整个历史时期中获得的、与上述问题有关的大部分资料都是有关农业的情况。最容易观察到的是农产品的消费水平，其中主要是食品的消费水平。如果人们问为什么生活水平会发生变化，主要的答案是人口压力。但是，必须指出，这些问题与人类文明没有特殊的关系。一群动物，甚至昆虫的生活水平，也可以在同一意义上来加以分析，而且生态学家正在这样分析。我不想贬低这些研究的重要性，我确信我们需要这些研究，但它们并不是我所说的那种经济史。

我关心的是狭义上的经济活动的出现，即“经济人”或“专为自己打算的经济人”（正如人们也许仍然这样称呼的那样）的出现。我们现有的“经济制度”（在“社会主义”国家与“资本主义”国家都一样）是由这些人创造的。我希望引起人们注意的是“经济人”到底是怎样出现的这一问题。

我充分理解，这是一个进化过程，一个渐进过程。正如我在那本书第一页里所说的：“经济史经常地，然而也是正确地被描绘成一个专业化过程，但这不仅是经济活动之间的专业化，而且也是经济活动（正在变成经济活动的活动）脱离其他种类活动的专业化。”这是一条原则，我希望把它铭记在心。但是现在我认识到在有些场合（或许在许多场合），我不知不觉地把它忘了，或者说似乎把它忘了。因为在经济活动逐步专业化的许多世纪里，所谓经济的东西同时又总是别的东西。特别是对同时代的人来说，这种别的东西具有同等的，或者说是更重大的意义。历史学家力图对发生的事件提供完整的看法。他们总是想到经济活动作为别的东西的这一面。我确信历史学家这样做是正确的。我不认为当历史学家用马克思主义的概念来解释罗马帝国的衰亡，或英国的国内战争时他们是在尽他们的职责。这些概念决装不进那些历史人物的头脑。我认识到我自己的方法也有受到同样谴责的危险。我确信自己的方法不必采用马克思主义的概念。但是，我现在知道，我并没有能完全免受其影响。

格欣克伦评论的标题是《麦卡托的光荣》。他的主要的主题是说我夸大了“商人”的作用。我认为我所说的商人的含义与他所说的有点儿不同。他所说的商人是经济历史学家所说的正规商人，这种商人不仅行使特定的经济职能，而且是公认的社会阶级的一个成员。而我的“商人”只是按照他的经济职能来定义的。诚然，我完全不能肯定我是否已给他正确地命了名。在我的观点形成的过程中，曾有几个阶段，那时我试着用别的命名。但是，我最后找不到比“商人”更好的名词。我用了这个词，虽然（正如我现在看到的那样）这使我受到了误解。我应该采取更审慎的措施来防止这种误解。

在第 25—26 页中，我坚持认为我所说的商人是一个专业交易者。一个偶尔进行交易的人，不能算作是我所说的商人。但这个论点必须有下述这个区别给予支持：可以把一些人叫做“一级交易者”，他们把他们的大部分时间，或者说大部分工作时间用来做交易；把另一些人叫做“二级交易者”，他们只用零星的时间直接从事交易，但是他们若不在交易时间里进行活动，那么，他的其他活动就不能按现有的方式继续存在。为市场工作的农民和为市场工作的手艺人，便是这个意义上的二级商人。农民与手艺人的出现正是我所要描述与分析的进化过程的一部分。

然而，以上说的这些还是不够的。在“二级交易者”（如刚才所定义的）与偶尔的交易者（他们只是不时地非正规地进行交易）之间还有中间一级。在农业中，人们对这种情况看得很清楚。自给农民的很大一部分活动独立于市场之外。然而，他可能种植某些经济作物作为副业。他不是偶尔地进行交易，而是有规律地进行交易。所以，按照我的分类，他是一个非全日二级商人。当然，如果把他们看作是地地道道的“商人”，那便是滥用概念了（许多人感到这是太过分地滥用概念）。正是他的自给自足的农产品代表着他的生活水平的主要部分。所以，对兴趣在这方面的历史学家来说，这些人不过是稍有点剩余的自给农民。但在我看来，重要的正是他的经济作物。正是由于他在这方面的活动，哪怕只是一丁点儿，才使他在我的商业进化中扮演了一个角色。

人们不得不利用这些区别，或利用与这些区别相应的某种东西。但是要始终不忘这些区别倒非易事。我承认，在希腊城邦国家，几乎所有“商人”可能都是非全日商人，或许是非全日二级商人。但是,既然商业进化是我的主题(这正是不言而喻的),所以,我很难不把他们看作是具有十足意义的商人。在我们著述理论时,我们总是做这种事。这时,这样做是可以理解的。但在我试图论述那些不那么容易理解的问题时,我本应当更加小心翼翼。

通过我刚刚作的那种区别及随之而对文字表达所作的改进,这个问题的大部分已经得到订正了。但是,至少还有一个地方比较棘手。当我考虑用牛当作货币不合适时(第65页),我就想到了聘礼一事。但是当我考虑货币本身的起源时,我却把它忘了。我现在认识到在我对货币起源的描述中,商业成分太多了。货币在市场进化中所起的作用是很重要的,但是研究货币的起源则必须更进一步地追溯历史。

(三)李嘉图的机器效应

这个问题是在《经济史理论》(1969年)中提出的。在那本书里,我把机器效应看作是工业革命早期人民之所以陷于贫困状况的一个可能的原因。在那本书的末尾,我用算术例子说明了(希望如此)这个问题。可是,人们不可能用一个数字例子来证明任何问题,而且,这个例子所选择的数字也是不十分符合要求的。[3]在《资本与时间》一书中(第八、九章),我进一步考察了这个问题。按该书的模式来说,我在那里作出的论证可以说是很严密的。但是,我后来感到,这样的论证并不是完全合适的。因为它让阅读《资本与时间》一书的读者,在接触问题的要害以前,不得不沿着一条特别的道路走一段弯路。这个问题是重要的,但表述方法应该更通俗易懂。④

当这个问题在《经济史》那本书里出现时，它有两个争论点。一是理论问题：李嘉图考虑的那种情况是否可能发生，以及它可能在什么环境下发生。二是历史问题：它赖以发生的环境是否可能在英国工业革命的特殊情况中得到实现。关于这个历史问题，我认为我只不过是作了一种推测，虽然我仍认为这是一个似乎有理的推测。无疑，还有其他许多原因可以说明1800—1850年间实际工资的“落后”(我自己就可以列出几条原因)。我所提出的看法是：李嘉图所考虑到的可能是这些原因中的一个。而且，这是一个特别令人感兴趣的原因，因为在工业化国家不能从国外吸收资金的情况下，该原因能够充分适用于别的迅速工业化的情况。

在这篇短文的其余部分，我只限于讨论理论问题。我将根据我所喜爱的方式，提出主要论点。但在这样做之前，讲几句引言也许是值得的。

假设人们按照正规的新古典的方式来研究这个问题，并像新古典主义所习惯做的那样，不去辩论有关“资本”的定义。那么，一项技术变革若要成为有利可图，它就至少必须提高某个要素的边际产品。但它不一定要提高全部要素的边际产品。因此，如在两个要素“劳动”与“资本”之间那样，有可能两者的边际产品都增加。但也有可能，其中一个要素的边际产品下降。因此，对新古典学派来说，不排除这样的情况：即一种“非常节约劳动的发明”也许会降低劳动的边际产品。但是，如果发生这种情况，新古典派会说，资本的边际产品必定增加了。所以，利润也必定增加了。利润的增加会促进积累，而资本的增加，在没有出现进一步的“节约劳动”的革新的情况下，必定会增加劳动的边际产品。所以，正如李嘉图在他关于机器的那一章所说的，到头来，一切都“很好”。

在新古典派的论点与李嘉图的论点之间，确有类似之处。但是，新古典派的方法完全没有说明“非常节约劳动的发明”的主要特征是什么。所以我们完全不易辨别这种非常节约劳动的情况是不是重要的。我认为，别的方法在这方面要好得多。

于是，我们把使用旧技术与新技术的生产这两者都看作是可分为不同**业务过程**的生产，每一种生产包括一个建造阶段（制造设备或机器）和一个使用阶段（用机器生产最终产品）。假定建造阶段的时间长短与使用阶段的时间长短在这两种技术情况下都是相同的。由于这些“机器”是不同种类的，因此，在旧机器与新机器之间没有技术上的等值（多少公共马车等于一列火车呢？）。只有参照制造成本，或生产最终产品的能力，才能对它们进行比较。无论我们采用哪一种办法进行比较都不碍事，因为它们都能说明完全相同的论点。我喜爱用生产最终产品的能力来说明问题。

因此，一部“机器”被看作是一个生产能力单位。它是一件能够生产出某一固定数量最终产品（用单位时间表示）的设备。因此（假如我们只限于注意劳动投入的话）只有两种方法能把新技术和旧技术区别开来：一个是生产一个生产能力单位所需要的劳动数量；一个是使用这个生产能力单位所需要的劳动数量。因此，就有两个参数，或两个技术系数。它们两者都是劳动系数。我可以把它们分别叫做建造系数与使用系数。

开始使用新机器时，所有现存的机器都是老式的。只要使用这些老式机器是有利可图的，它们就将被继续使用。但是，如果新技术(作为一个整体来看)比旧技术更加有利可图,那么,从此以后,新制造的机器必定是新式的。随着时间的推移,在机器的整个存量中,新机器的比重就会逐渐增加。

因为我们假定这两种(新与旧)技术生产的最终产品是相同的(假若不是在物质上相同,那至少在经济上是等价的),所以,新技术的两个系数如果都较高,则新技术就不可能是更加有利可图的。但是,还留下三种可能的选择:(1)新技术的两种系数可能都较低;(2)它的建造系数可能较高,但它的使用系数则可能低得多,以致弥补建造系数的损失后还有盈余;(3)使用系数可能较高,但建造系数则可能低得多,以致弥补使用系数的损失后还有盈余。这三种情况都是可能的。引起"李嘉图机器效应"的正是这第二种情况。

下面是说明这个问题的简单办法。首先,作为一个参照标准,我们考虑全无偏向的改进,在这样的改进中,两个系数都下降,而且正好按相同的比例下降。这样,技术变革便可以在劳动充分就业,并且劳动在两个部门之间没有任何转移的情况下发生。这时,同一数量的劳动力在制造机器时,就会生产更多的机器(即更多的生产能力单位)。但每部机器所必须配备的劳动也会按相同的比例减少。所以,原先配备在旧机器上所需要的相同数量的劳动力,现在会配备在新机器上。但是,新机器拥有较大的生产能力。所以,新机器一经采用,最终产量就会增加。最终产量的增加与新机器得到使用的数量应是成比例的。因此,与假如这个"技术发明"没有出现而可能发生的情况相比,将有一个额外增加的产量。这个额外增加的产量会逐步增加,直到达到最大限度为止。这时,全部机器存量都由新机器组成。

让我们把这种情况同在第一与第二种选择之间的分界线上所发生的情况作一对比。这里没有建造机器方面的劳动节约。但在使用机器的劳动方面则存在大量的节约。在这种情况下，增加产量的可能性取决于劳动在两个部门之间的转移。而且，只有那些被新机器替代的劳动才可用来增加产量。开始时，当建造第一台新机器时，若要最终产量不下降，那么，这时制造新机器与“要不是这样的情况”相比，并不能雇用更多的劳动（因为，在这个阶段，制造新机器的劳动只能来自使用旧机器所仍然需要的劳动）。如果在这个时期，制造机器所使用的劳动与“要不是这样的情况”相比，是相同的，那么，这时所生产的机器数量（生产能力单位）与“要不是这样的情况”相比，也是相同的。所以，在下一时期，最终产量不会增加（而在制造机器的劳动与使用机器的劳动两者都节约的情况下，最终产量则是增加的）。但这时，使用机器只需要较少的劳动，因而可以转移一部分劳动，以使增加新机器的产量成为可能。然而，这样的产品增加通常都是相当缓慢的。但是，随着越来越多的劳动被转移，总有一天，产量会增加。

就完全的李嘉图情况而言，建造系数是提高的，因而刚才考虑过的效应现在加剧了。随着新的更昂贵的机器投入生产，若要生产最终产品的能力不下降（即不降到没有发明的水平以下），就必须有劳动的转移，甚至是迅速的转移。但是（再次假定存在充分就业），除非以现期最终产品的降低为代价，否则，就不可能有劳动的直接转移。因为，可利用的劳动仍然是使旧机器生产出原来的产量所必需的。因此，不可避免地会出现这样一个阶段，该阶段的最终产量低于不发生技术变革而可能达到的产量水平。

这正是我一直想要说明的主要问题。我认为这也是李嘉图想要说明的主要问题。采用某种新的(有利可图的)技术发明完全有可能(暂时)导致最终产品下降。发生这种情况的必要条件并不特别缺乏,也不是不现实的。看来这并不像是经济学家的空谈。至于谈到进一步的问题,即最终产品减少对实际工资的影响问题,我并不是说,实际工资不可能不受影响。但是,如果最终产品(消费品产量)减少,有的人就必须省吃俭用,否则,就必须要有别的某种来源来保证消费品的供给不变。有几种可能的来源:增加储蓄;动用库存;借外债。在作全面的分析时,每一个这样的来源都应估计到。但是,我不认为,这些来源都是可以指望的。它们肯定不能提供所需要的一切。假若这些来源不能提供所需要的一切,实际工资就一定会暂时下降,降到低于没有发明而可能达到的水平。

但愿我已经说清楚我并不认为上述这些是“机器”或工业化的必然结果。我的意思是,在理论上,我们有充足的理由认为工业化的迅速发展可以很容易地证明是一种重负。

(四)对《资本与时间》的补遗

我现在感到对《资本与时间》(1973 年出版)应该加以增补的主要内容,就是冲动这个概念。在本书的头两篇文章里,这个概念已经被大量地运用了。我发现这个概念是我写作《资本与时间》的结果。不过,这种能以(正如前面所表示的)不那么抽象的方式加以运用的冲动概念和《资本与时间》这一著作中的抽象分析之间的关系,是需要加以解释的。

最好从头说起。如前面说明的那样,最初是 C. M. 肯尼迪教授的建议,使我萌生了复活庞巴维克理论(或某种跟他的理论一样的东西)的念头。肯尼迪发现,我在《资本与增长》(1965 年)一书中(即关于增长均衡或稳定状态的那几章中)所作的分析有严重的缺点。这种分析意味着:“某一时期生产的资本品被用来生产该时期的产量。这样一种理论对经济现实没有什么意义。”[⑤] 显然,我不得不接受这个指责。但是,我并不认为,肯尼迪通过引入时延来修改我的模式而让别的条件保持不变的尝试是很有作为的。我更倾向于他所说的:“与罗宾逊夫人一起,完全走奥地利学派的路”。

因为我自己已经遇到类似的麻烦。虽然在《资本与增长》一书关于稳定状态的那几章中,我含糊地作了无时间限制的或无时延的阐述,并且没有感到这样做有多少不方便,但是,当我试图离开这种稳定状态时,我却遇到了麻烦。于是,在那本书的第 16 章中我提出了一种很不成熟的“横切”理论,而对于这种理论我一点也不感到满意。所以,我欣然接受了肯尼迪的建议,因为他好像知道那不成熟的“横切”理论的毛病所在。

然而,我认为没有理由去附和肯尼迪假定奥地利学派的方法“完全不考虑固定资本”。[⑥] 因为,很久以前,我自己建立了一个奥地利学派的理论结构。[⑦] 它为固定资本留下了位置。这个结构已经长期不用了,但是时间又恢复了它的作用。

在我的《资本与时间》一书所用的那个结构中,确实出现了固定资本品,但不那么明显。人们所看到的只是从“最初的”投入到最终的产出这整个川流。固定资本品包含在这个川流之内,但它们被看作是中间产品，没有被显示出来。

当然，现在完全可以肯定这并不是引入固定资本与时延的唯一方法。确有公认的另一个可供选择的方法存在。该方法是冯·纽曼发明的。按照冯·纽曼的方法，可以显示出中间产品。在使用中间产品的时期，它们被看作是投入。在制造中间产品的时期，它们被看作是产出。所以，在结合点上，即在前一时期到后一时期的转折点上，这些中间产品便突出地显现了出来，并且被规定了价格。我从未否认过这是一种可能的，而且就某种目的而言是富有成效的研究问题的方法。

对于那些信奉冯·纽曼方法的人（例如那位给《资本与时间》写了迄今最长的评论文章的作者）[8]来说，我所选择的方法似乎是一种干扰。当我们已经感到很满意的时候，为什么又用另一种可供选择的方法来打扰我们呢？我承认，在我的开头一章，我并没有提出完全充足的理由。我指出：从前一个时期到后一个时期的转折点上，给固定资本品普遍地定价是不现实的。我还指出：许多资本品在同一个厂商手里可以一连使用好多年而不转手。但光说这些是不够的。这些是事实，但下述这些也是事实：即有些资本品确实是被买卖的，特别是在制造阶段过渡到使用阶段的时候；但在另一些时候，有时也买卖资本品。如果说冯·纽曼过分强调了中间交易，我则显然低估了中间交易。在人说人们需要两个极端，以便保持平衡。这样说也是不全面的。

对奥地利学派的方法的正确的辩护是与上面的论述不同的。但是，我只是在《资本与时间》的较后部分为奥地利学派的方法作了辩护。在开头论述稳定状态的那几章中，没有提到这个方法。

因为,事实上,在稳定状态下,如在古典经济学的静止状态下,人们使用何种方法并没有关系:不管用何种方法人们都会得到大体相同的结论。由于被允许有变化的(有"实质上"的变化的)并不是完全相同的事物,所以,人们所能得到的只不过是不同方式的表述而已。但是,它们之间必定存在着一致,存在着广泛的相似。所以,关于增长率与利息率的法则(这些法则在三种方法中都要使用到),在冯·纽曼的模式中,在奥地利学派的模式中,在无时滞的《资本与增长》的模式中,以及无疑在别的情况下,都是相同的。所以,如果人们只考察稳定状态,那么,除了某种说教的优美外,[9]奥地利学派的方法就没有什么可特别赞扬的了。

可是,当我们离开稳定状态时,情况就完全不同了。奥地利学派方法的优点在于它在处理横切时,从而在处理创新时,比它的对手好得多。显然,奥地利学派在处理创新的不同方面时,并不同样都是适合的。例如,创新对工业结构的影响(如投入—产出矩阵中所表现的)就没有被很好地表现出来。它在处理各种创新方面也不是同样有效的。那些引进新消费品的创新至少在形式上被排除在外,[10]然而,对于那些表现为用新方法去生产相同的最终产品的创新来说,奥地利学派的方法在处理这些肯定是最重要的创新的基本经济影响方面,与其对手相比,要出色得多。这种创新几乎总是包含着新资本品的采用,新机器的采用,与其他别的中间产品的采用。对这些资本品加以物质上的具体规定是不合乎需要的,因为无法确定这些资本品的物质联系,即这些为某一种技术所需要的资本品,和那些为另一种技术所需要的资本品之间的物质联系。它们之间可以确定的唯一的联系是成本,或生产最终产品的能力,而这正是奥地利学派理论所包含的内容。

所以,《资本与时间》一书第二部分的主题是创新理论。它不是讨论创新的原因,而是讨论创新的结果,研究创新引起的"冲动"。我完全承认,对于这种理论,我只是开了个头。还有许多需要考虑的问题尚待讨论。货币、垄断(劳动垄断与资本垄断)、政府、自然资源的稀缺(除了在结论的那一段,第 12 章)都没有被考虑到。但是这些东西(如本书头两篇文章所谈到的)[11]至少在某种程度上可以补上。我们现在仍然需要一个创新过程的模式,这个模式本身可以作为一种理论体系,这正是我过去一直设法提供的。

许多经济学家理所当然地认为:在作了所有这些理论简化后(或者说,在那些也许会被经济学家认为是障碍的东西被消除后),如果在一个单独的创新扰乱以后再没有别的创新随之发生的话,那么,必定会有一个趋向于均衡的平稳的收敛。而且,有些增长模式似乎说明了同样的情况。但我的看法不是这样。我确实是从这样一种情况(我的标准情况)开始的,在这种情况中,可以证明存在有保障的收敛。但是,即使是这种情况也需要大量的推算。即使在这种情况下,也存在这样的可能性,即技术进步可能对分配产生激烈的,并且可能是不能接受的影响——如前面所说的李嘉图的机器效应(参见前面的论述)。[12]这样,当我们超越这个标准情况时(如我已经做的那样,虽然不是在同一程度上),这种收敛的前景似乎要暗淡一些。

至少还有另外两个障碍。一是由生产周期缩短或延长所引起的可能的扰乱(产生这些扰乱的可能性首先由哈耶克教授在他的《价格与生产》一书里引起经济学家的注意)。另一个障碍是正常生产过程本身的时间形式问题。我倾向于认为后一问题具有实际的重要意义。结果是只有当生产过程具有合适的、简单形状(Simple Profile)的时间形式时，这些生产过程彼此间才能指望有较好的一致性。[13]假如典型的生产过程，为了其本身的充分的发展，要求比它开始时有更多的投入的话，那么，其结果不是只有较少的生产进程被发动起来，以使充分的就业继续下去，就是已经发动起来的生产过程也不得不停止，或不能进行到底。

当我的论述达到这个地步时，我便开始对收敛问题丧失兴趣。假如它已经表明是没有把握的，那么，它不是还表明不具有重要意义吗？即使在最好的情况下，它也得花很长的时间才行。而且在大多数应用中，当这段时间还未过去，某种别的事情(某种新的外生冲击)就已发生了。因此，具有头等重要意义的是通过我的方法，我们可以就创新的短期和中期的影响，亦即我所叫做的早期阶段的影响说上几句(事实上，处理早期阶段比处理晚期阶段容易得多；只有在晚期阶段，任何向均衡收敛的问题才会出现)。

就这样，我被引导到“冲动”概念上来了。创新的短期与中期影响便成了人们主要关心的问题。可是，人们也许有理由问：这不是跑得太快了吗？显然，横切理论，就它所采用的奥地利学派的形式来说，只不过说明了当稳定状态被创新扰乱时(在许多简化的假定下)会发生什么情况。即使稳定状态只不过被用作出发点，也还是假定了存在稳定状态。假如没有什么东西能保证真正达到稳定状态，那么，还有理由把这种稳定状态作为出发点吗？对于这个异议，我认为我还不能作出充分的回答。但是，我能提供部分的回答。因为在我关于替代的那一章中(那一章主要谈“冲动”问题)，当我能够考虑第一个技术变化以后的第二个技术变化的影响时，我确实谈到了这个问题。[14]不管这第二个变化是由第一个变化的经济后果引起的，还是由一个独立的创新引起的，这些都没有什么重要的意义。不过，这意味着我至少能就技术变化对一个起初不是处在稳定状态中的经济所起的影响说上几句。过去某些时候对稳定状态的依赖，现在在形式上依然存在。但是我认为我可以说，至此，对稳定状态的依赖正在消失。我们可以爱把它退回到多远就多远，直退回到它变成无关紧要时为止。就我来说，我很高兴摆脱了对稳定状态的依赖。

附　　注

① 我的《工资理论》(1932 年版)于 1963 年再版时，附有一个相当详尽的"评注"。但在那里，竟有那么多要撤回！

《社会结构》是一本教科书，它用事实说明原理。后来不得不再版该书，以使它所用的材料反映新的实际情况。《价值与资本》第二版(1946 年)所做的变动并不大。

② 这是一篇讲稿的摘录，原标题是《经济波动中的实际的与货币的因素》，载于《苏格兰政治经济学杂志》(1974 年 11 月)。

③ 在那个算术例子里，我是从静止状态开始我的叙述的。这个静止状态的稳定条件在稍后的论述中(按照《资本与时间》所用的记号，它是 $a_0 > a_1$)，是没有得到满足的。这实际上并未影响这个论点，只不过使它不够准确罢了。

④ 在以下的论述中，我大量引用了我的一篇短文。这篇短文我投寄给了《经济学杂志》(1971 年 12 月)，以答复罗克吉尔大学的 E. F. 比奇教授的文章。

⑤ 见《价值、资本和增长》一书中他的论文，1968 年版，第 276 页。

⑥ 同上，第 289 页。

⑦ 《价值与资本》1939 年，第 15—17 章。

⑧ E. 伯迈斯特发表在《经济学文献杂志》1974 年 6 月号上的文章。

⑨ 伯迈斯特认为，假如我容许工资在事后支付（在周末，而不是像我所考虑的在一周的开头），那么，我就可能使我的阐述更加完美。假如我采用事后支付的惯例，我肯定会使我的代数表述与一些稳定状态论者（如斯拉法）的著作有更密切的关系。而且，也许可以承认，在这些假设中，一个假设并不比另一个假设更符合实际情况。投入并不一定在使用时就付款。同样，产出并不一定在提货时就收款。因此，购置与销售都带有借贷因素。然而，我当时认为，而且现在仍然认为，这种搞混了时间顺序的借贷，为了分析的目的，应该加以忽略。一般说来，投入在获得产出以前就已经使用了。一个像我这样的、适当考虑到生产时滞的模式应该表明这一点。保证不忽略这个问题的最简单的办法就是采用我的事前支付的惯例。

确实，当我谈到特殊的简单形状情况时，我为了表达的方便，对此作了一些修改。我忽略了在产出的川流开始以前，“周”内仍须有使用机器的劳动这一点。但是，为什么人们不能假定在那“周”里，制造机器的劳动（现在停工了）被暂时解雇了一部分呢？假如这一点“粗略”必须加以纠正的话，那么，这就能纠正它了。

⑩ 参看《资本与时间》第 143—146 页，那里说明，在收入计量理论中，新产品问题可以很容易地、有效地得到阐述。

⑪ 指上面的第一、第二篇论文。

⑫ 见上面第 188—192 页。

⑬ 《资本与时间》第 135—137 页。

⑭ 《资本与时间》第 113 页。还可见数学附录，第 199—202 页。

图书在版编目(CIP)数据

经济学展望:再论货币与增长论文集/(英)约翰·希克斯著;余皖奇译.—北京:商务印书馆,2017
(汉译世界学术名著丛书:120年纪念版:珍藏本)
ISBN 978-7-100-14188-8

Ⅰ.①经… Ⅱ.①约… ②余… Ⅲ.①经济学—文集 Ⅳ.①F0-53

中国版本图书馆CIP数据核字(2017)第137559号

汉译世界学术名著丛书
(120年纪念版·珍藏本)
经济学展望
再论货币与增长论文集
〔英〕约翰·希克斯 著
余皖奇 译
侯梅琴 刘民权 校

商 务 印 书 馆 出 版
(北京王府井大街36号 邮政编码100710)
商 务 印 书 馆 发 行
南京爱德印刷有限公司印刷
ISBN 978-7-100-14188-8

2017年12月第1版 开本 710×1000 1/16
2017年12月第1次印刷 印张 16
定价:80.00元